Gebrauchsanweisung
für Kuba

Jürgen Schaefer

Gebrauchsanweisung
für Kuba

PIPER
München Berlin Zürich

Mehr über unsere Autoren und Bücher:
www.piper.de

ISBN 978-3-492-27664-1
2. Auflage 2016
© Piper Verlag GmbH, München/Berlin 2016
Redaktion: Ulrike Gallwitz, Ebringen
Karte: Cartomedia, Karlsruhe
Satz: le-tex publishing services GmbH, Leipzig
FSC-Papier: Munken Premium von Arctic Paper
Munkedals AB, Schweden
Druck und Bindung: CPI books GmbH, Leck
Printed in Germany

»… und gehe ich verloren, so sucht mich in Kuba!«

Federico García Lorca

Inhalt

Intro: Auf nach Kuba!	9
Geschichte: Kubanische Heldensagen	14
Havanna: Die Königin der Karibik	33
Zigarren: Das Erbe der Taínos	55
Natur: Reichtum der Berge und der See	67
Rikimbili: Kubanisches Recycling	76
Jugend: Die erste Generation nach Castro	87
Oldtimer: Stilvoll quer durch Kuba	98
Werkstattbericht: Der Anlasser	109
Fidel Castro: Der ewige Revolutionär	111
Überwachung: Meine Akte	127
Landwirtschaft: Die grüne Wende	136
Liebesleben: Land ohne Väter	147
Gesundheit: Die größte Hilfsorganisation der Welt	165
Literatur: Die Gier nach Geschichten	182
Santería: Hellseher und dunkle Mächte	198
Malecón: Der Balkon der Habaneros	207
Danksagung	217

Intro: Auf nach Kuba!

Wann ist die beste Zeit, nach Kuba zu fahren? Jetzt!

Auf nach Kuba, die Zeit wird knapp! In wenigen Jahren schon wird sich das Land rasant verändern. Jeder sozialistische Aufmarsch könnte der letzte sein; und dann ist es vorbei mit der Insel, die in ihrer eigenen Zeitblase existiert. Vorbei die unverstellte Stadtansicht ohne Markenwerbung, die Gelassenheit der Menschen. Bald gehört das historische Panorama der Vergangenheit an, mit amerikanischen Straßenkreuzern aus den 1950er-Jahren, die zwischen maroden Palästen durch die Straßen tuckern.

Das dachte ich jedenfalls, als ich das erste Mal nach Kuba fuhr. Das war im Jahr 1998.

In den Jahren danach änderte sich allerdings gar nichts. Es war ein Stillstand, der sich wie ein Rückschritt anfühlte, weil er alle Hoffnungen auf ein besseres Leben zermürbte. Tausende Kubaner verließen in diesen Jahren ihr Land; manche mit Wehmut, andere, ohne zurückzublicken. An einem besonders zähen Tag schrieb ich damals in mein Kuba-Tagebuch:

Menschen,
die darauf keine Lust haben,
fahren morgens mit Bussen,
die nicht funktionieren,
zu Fabriken, wo sie nichts tun,
wofür sie kein Geld kriegen,
und gehen abends nach Hause,
wo es keinen Strom gibt,
der aber auch nichts kostet.

Diese bleiernen Zeiten sind vorbei, dieses Kuba ist Geschichte. Seit 2006 befindet sich das Land in einem Wandel, dessen Dynamik erst kaum spürbar war, nun aber mehr und mehr an Fahrt aufnimmt. Hunderttausende Kubaner versuchen sich als Unternehmer, viele mit Erfolg. Eine neue Mittelklasse wächst heran, die ihre Wochenenden in den Hotels der kubanischen Badeorte verbringt und ins Ausland reist. Manche verdienen in ihrem neuen Job an einem Tag mehr, als sie zuvor, in Diensten des Staates, in einem ganzen Jahr verdient haben. Das stärkt das Selbstbewusstsein. Bald wird diese Mittelklasse Forderungen stellen: nach einer politischen Teilhabe, nach einer funktionierenden Infrastruktur.

Und nun kommen die US-Amerikaner. Die historische Geste von Panama, als sich die Präsidenten Raúl Castro und Barack Obama vor laufenden Kameras beherzt die Hände schüttelten, wird Kuba nachhaltig verändern. Jahrzehntelang waren amerikanische Touristen auf Kuba Exoten, doch bald könnten sie die Mehrheit der Reisenden stellen. Sie werden viel Geld mitbringen, das dringend benötigt wird; und viele gute Ratschläge, auf die viele Kubaner gern verzichten können.

Investoren aus den USA werden versuchen, sich eine Vormacht bei der Modernisierung der Insel zu sichern; und die kubanische Regierung wird versuchen, dies zu verhindern. Aber wenn die erste Garde der Revolution aus biologischen Gründen abdankt, wird der Widerstand gegen das Geld der Gringos nachlassen. Dann wird es vieles geben, was es lange nicht gab auf Kuba: schnelles Internet, vielleicht sogar Oppositionsparteien. Läden mit zwanzig Sorten Käse und den verschiedensten Sorten Shampoo, amerikanische Schnellrestaurants und Coffee Shops mit überteuerten Kaffeemixgetränken, die kein Mensch braucht.

Noch ist es aber nicht so weit. Je ähnlicher sich alle Orte auf der Welt werden, mit globaler Architektur, mit immer gleichen Malls und Markenshops, desto mehr sticht Kubas Einzigartigkeit heraus. Die Eindrücke aus einem Spaziergang durch Havannas Altstadt wirken lange nach, und wer sich mit den Menschen einlässt, den lässt das Land nicht mehr los. Ein Kuba-Besuch, auch wenn er manche Reisende beim ersten Mal sinnlich überfordert, weckt eine Sehnsucht, die einen baldige Rückkehr schwören lässt.

Dabei treibt Kuba den Besucher mit Widersprüchen schier in den Wahnsinn. Viele Menschen dort besitzen eine überdurchschnittliche Bildung und sind kulturell wach und interessiert, doch noch immer entscheidet die Regierung darüber, was sie lesen dürfen und was nicht. Kubanische Wissenschaftler genießen Weltruf in der medizinischen Forschung und in der Biotechnologie; doch die Felder, die an ihre Institutsgebäude grenzen, werden mit Ochsenpflügen bestellt. In Kuba haben sich die Frauen mehr Gleichberechtigung erkämpft als in jedem anderen Land Lateinamerikas, doch auf den Straßen pfeifen ihnen die Männer nach, von denen die meisten unfähig sind, einfachste Aufgaben im Haushalt und bei der Kinderbetreuung zu übernehmen. Die Kubaner haben mehr Natur unter Schutz gestellt als die meisten Völker dieser Welt (viel, viel mehr als die Deutschen), aber wenn sie mit dem Auto über Land fahren, werfen sie leere Getränkedosen achtlos in den Wald.

Im Welttheater der Politik und der politischen Träume belegt Kuba seit Jahren einen Platz, der einem Land mit elf Millionen Einwohnern eigentlich nicht zusteht. Die Revolution der Castros gab den Armen in der Welt Hoffnung und ließ am Ende ein ganzes Land verarmen. Che Guevara riskierte sein Leben, um Kinder armer Bauern zu behandeln, und ließ dann Hunderte Regimegegner nach dem Sieg der Revolution in Havanna kaltblütig hinrichten.

Fidel Castros Starrsinn rang zehn US-Präsidenten nieder, die ihn stürzen sehen wollten und denen er politisch klug und erfolgreich die Stirn bot. Das machte ihn zum Helden in Lateinamerika. Doch derselbe Starrsinn hätte die Welt beinahe in einen Atomkrieg gestürzt, wenn der sowjetische Regierungschef Nikita Chruschtschow nicht klug genug gewesen wäre, den Heißsporn in der Karibik zu ignorieren, als dieser während der Kubakrise forderte, die USA anzugreifen.

Wofür also steht Kuba? Wer nach Kuba reist, kommt mit vielen Fragen zurück, auf die es keine eindeutige Antwort gibt: Ist Kubas Revolution gescheitert, auch wenn sie Millionen Menschen durch ihre legendäre Gesundheitsfürsorge das Leben gerettet hat? Wären die Menschen auf Kuba glücklicher, wenn ihr Land den USA ähnlicher würde? Warum gehen Menschen, die in einer Diktatur aufgewachsen sind und in ständiger Angst vor der Staatssicherheit leben müssen, die zudem eine schwere Nahrungskrise überstanden haben, so weitgehend unbeschwert und fröhlich durchs Leben?

Seit jeher hat Kuba seine Besucher umgarnt und fasziniert. Christoph Kolumbus, der erste Europäer in der Karibik, nannte die Insel »das schönste Stück Land, das Menschen je erblickt haben«. Vier Jahrhunderte später, am 7. März 1930, näherte sich der spanische Poet Federico García Lorca vom Meer her der kubanischen Hauptstadt Havanna. Eigentlich wollte er nur ein paar Tage bleiben, doch schon auf dem Deck des Ozeandampfers umfing ihn »der Duft von Palmenhainen«, hörte er »göttliche Trompeten«: Er war verloren, bevor er kubanischen Boden überhaupt betreten hatte. Er blieb Monate, bezeichnete später die Zeit in Havanna als »die besten Tage meines Lebens«. Noch einer, dem die verführerische Schöne am Nordrand der Tropen das Herz geraubt hatte. Demgemäß schrieb er nach Hause: »… und gehe ich verloren, so sucht mich in Kuba!«

Noch existiert das alte Kuba, existiert das alte Havanna: Gloriose Architektur aus vergangenen Jahrhunderten, erfüllt von sehr gegenwärtiger Lebenslust. Wer sich anstecken lässt, wer sich durch Havanna treiben lässt, lernt viel über das Leben und über sich selbst: über die stille Freude, den Kindern auf dem Prado beim Baseballspielen zuzusehen. Über den Spaß, einen Nachmittag lang nichts anderes zu tun, als Domino zu spielen. Über die Leichtigkeit, mit der einen das Leben durch den Tag tragen kann.

Kein Mensch weiß, wie lange diese kubanische Mischung aus Gelassenheit und Lebensfreude noch erhalten bleibt; wie viel davon den Wandel der kommenden Jahre überstehen wird.

Deswegen gilt nun unbedingt: Auf nach Kuba, die Zeit wird knapp!

Geschichte: Kubanische Heldensagen

Viel Blut floss, seit Kolumbus seinen Fuß auf die Insel setzte. Am Ende hatten alle Kämpfe ein gemeinsames Ziel: Freiheit und Unabhängigkeit.

Wer die Geschichte Kubas zu ihren Anfängen zurückverfolgt, findet, natürlich, eine Heldensage. Sie nimmt am 2. Februar 1512 ihren Lauf, in einem Örtchen im Osten Kubas. Ein mutiger Mann mit bronzefarbener Haut, mit breitem Gesicht, schmalen Augen und einer scharfen Nase steht, angebunden an einen Baum, auf dem Scheiterhaufen. Er heißt Hatuey, Indianerhäuptling; er ist besiegt, aber nicht gebrochen. Den Scheiterhaufen haben die Eroberer aus Spanien für ihn aufgerichtet, und während die Soldaten Feuer an das Holz legen, bietet der spanische Priester dem ungezähmten Wilden eine letzte Chance. Ob er nicht zum Christentum konvertieren wolle? Dann hätte er die Chance, nach seinem Feuertod in den Himmel zu kommen.

Und wenn er kein Christ werden wolle?, fragt Hatuey.

Dann komme er in die Hölle, antwortet der Priester.

Hatuey überlegt. Was passiere mit den Spaniern, wenn sie sterben, will er vom Priester wissen.

Die kämen in den Himmel, schließlich seien es gute Christen, erklärt dieser.

14

Dann wolle er lieber zur Hölle fahren, antwortet Hatuey, ohne zu zögern, um diese grausamen Menschen nie mehr sehen zu müssen.

Hatuey hatte allen Grund, den Himmel der Spanier zu fürchten. Er stammte aus Hispaniola (der Insel, die heute in Haiti und die Dominikanische Republik aufgeteilt ist), wo die spanischen Eroberer alle Ureinwohner versklavt hatten. Von 300 000 Indianern waren nach gut zehn Jahren nur noch 60 000 übrig, und ihre Zahl schwand rasch weiter. Hatuey war nach Kuba geflohen, um die kubanischen Ureinwohner zu warnen: »Dies hier ist der Gott, den die Spanier anbeten!«, hatte er den Urkubanern zugerufen und ihnen einen Korb mit Gold und Schmuck gezeigt. »Für dieses hier kämpfen und töten sie, für dieses hier verfolgen sie uns, und deswegen müssen wir sie zurück ins Meer werfen. Uns sagen diese Tyrannen, dass sie einen friedlichen und gerechten Gott anbeten, aber sie rauben unser Land und versklaven uns. Und weil ihr Mut nicht an unseren heranreicht, verbergen diese Feiglinge ihre Körper in Eisen, das unsere Waffen nicht durchdringen können.«

Hatueys Reden sind überliefert durch Bartolomé de Las Casas, einen Dominikanermönch, der mit den ersten spanischen Eroberern auf Kuba angelandet war. Er wird zum wichtigsten Zeitzeugen des Völkermords der spanischen Eroberer an den Ureinwohnern, dokumentiert akribisch die Gräueltaten der Soldaten an den oft wehrlosen Indianern, denen erst bewusst wird, welches Unheil über sie gekommen war, als es zu spät ist, die Spanier »zurück ins Meer« zu werfen.

Dabei dürften die allerersten Begegnungen zwischen Europäern und den Ureinwohnern auf dem amerikanischen Kontinent eher harmlos verlaufen sein. Am 27. Oktober 1492 landet Christoph Kolumbus im Osten Kubas, staunt über die üppige Natur und wundert sich über die spärlich gekleideten Menschen, die Rauch durch ein Pflanzenblatt saugen und durch die Nasenlöcher wieder ausstoßen.

Die Insel, die heute Kuba heißt, ist damals eine Welt im Umbruch. Die eigentlichen Ureinwohner, die Siboneyes, leben in steinzeitlicher Primitivität, 10 000 Jahre hinter dem Entwicklungsstand der Europäer zurück. Die Siboneyes kennen keinen Ackerbau, verfügen nur über einfache Werkzeuge und hausen in Höhlen. Als die spanischen Eroberer auf Kuba einfallen, leben die Siboneyes abgedrängt im äußersten Westen der Insel, auf der Halbinsel Guanahacabibes, einer heute noch abgelegenen und wenig bewohnten Gegend.

Den größten Teil der Insel beherrschen die Taínos, die Mais pflanzen, Kanus aus Baumstämmen schälen, Hütten bauen und Muscheln zu scharfen Messern schleifen können. Die Taínos leben in kleinen Dörfern inmitten einer überreichlichen Natur, wie sie heute noch im Humboldt-Nationalpark im Osten Kubas erhalten ist, mit vielen einzigartigen Tier- und Pflanzenarten.

Aber die Taínos, die wohl rund 300 Jahre zuvor auf Kuba angekommen waren und die Siboneyes weitgehend verdrängt hatten, sind selbst auf der Flucht. Sie weichen vor den kriegerischen Kariben zurück, die bereits den Norden Südamerikas erobert haben und sich nun anschicken, die Inseln der Karibik zu unterjochen – und es wohl auch geschafft hätten, wären ihnen die Spanier nicht an Feuerpower und Grausamkeit weit überlegen gewesen.

Die Ankunft der Spanier auf Kuba beendet die Herrschaft der Taínos in kürzester Zeit. Die Spanier finden Hatuey und ermorden ihn, und weniger als zehn Jahre später sind die Urkubaner fast komplett ausgerottet – ermordet, zu Tode geschunden, hingerafft von Mumps und Masern, gegen die ihre Immunkräfte nichts aufzubieten haben. Heute finden sich auf Kuba nur im äußersten Osten noch Menschen, die indianische Züge tragen, dort in den Bergen dürften einige Ureinwohner noch etwas länger ausgehalten haben. Ansonsten bleiben von den ersten Kubanern nur einige Worte, die im spanischen Sprachschatz überlebt haben: *huracán* (Hurrikan), *papaya*, *caimán*, *canoa* (Kanu); und natürlich *tabaco*, und damit verbunden die köstliche Unsitte, den Rauch eines Pflanzenblattes einzusaugen. (Der unglückselige Hatuey hingegen überlebt nur als Name eines auf Kuba populären Bieres.)

Im Jahr 1519, nur acht Jahre nach ihrer Ankunft, herrschen die Spanier uneingeschränkt auf Kuba, und sie legen das Fundament für eine der großartigsten Städte der Welt: Sie gründen Havanna, benannt wohl nach dem örtlichen Taíno-Häuptling Habaguanex.

Ein perfekter Hafen und eine strategisch wichtige Lage bescheren Havanna einen raschen Aufstieg und eine wilde Geschichte. Tausende Schiffe nutzen die Bucht auf dem Weg von den spanischen Eroberungen in Südamerika heim ins spanische Mutterland. Havanna dient als letzte Station vor dem Sprung über den Ozean, um Proviant aufzustocken. Das lockt Piraten an, die 1555 Havanna niederbrennen. Auf dem Meeresgrund rund um Kuba werden Hunderte spanische Galeonen vermutet, die in schwerer See oder nach Piratenattacken gesunken sein sollen. Schließlich verfügt die spanische Krone, eine Seestreitmacht in Havanna zu stationieren, um die königlichen Schiffe im großen Verbund über den Ozean zu geleiten. Die Frachter bringen Gold und Silber aus den Minen der Anden, Alpakawolle, Smaragde aus Kolumbien, Mahagonibäume aus Guatemala und natürlich Kakaobohnen und Tabak aus Kuba nach Europa. Havanna wird zur Festung ausgebaut, mit dem Castillo de la Real Fuerza (1577 fertiggestellt) am heutigen Malecón und dem

Castillo de los Tres Reyes del Morro (1630) am gegenüberliegenden Ufer. Von dort wird nachts eine Kette quer über die Hafeneinfahrt hochgezogen, um zu verhindern, dass Piraten nächtens die Bucht entern.

Havanna gilt in Spanien fortan als »Schlüssel zur Welt und Bollwerk der westindischen Inseln«. Mitte des 18. Jahrhunderts zählt Havanna 70 000 Einwohner und ist damit größer als New York zu dieser Zeit. Das weckt Begehrlichkeiten; 1762 erobert eine britische Flotte mit fünfzig Schiffen und mehr als 11 000 Mann die Stadt. Die Besatzung hinterlässt allerdings wenig Spuren, auch weil sie nur elf Monate dauert. Im Pariser Frieden tauschen die Briten die Stadt gegen Florida ein. Kaum haben die Spanier die Kontrolle über Havanna zurück, bauen sie eine weitere Festung, San Carlos de la Cabaña. In weiser Voraussicht: Denn Havanna entwickelt sich im bevorstehenden 19. Jahrhundert zu einer der glamourösesten Städte der Welt, genannt das »Paris der Antillen«. Und der Reichtum, der diesen Aufstieg möglich macht, speist sich inzwischen aus eigenen Quellen. Zwei Importe ermöglichen Kubas herrschender Klasse phänomenale Gewinne: Zuckerrohr, ursprünglich aus Asien – und Sklaven aus Afrika.

Süß schmecken der Zucker und der Rum, doch sauer die Arbeit, die nötig ist, beides zu gewinnen. Kuba und Zucker gehören bald untrennbar zusammen. Die Zuckermillionen versüßen der Oberklasse in den Städten ein ausschweifendes Leben; doch sie stoßen die Landbevölkerung in bittere Armut und das ganze Land in eine permanente Abhängigkeit von fremden Mächten. Jede Revolution, jede Phase der modernen kubanischen Geschichte hat mit Zucker zu tun.

Zuckerrohr wächst auf den Feldern drei, vier Meter hoch; ein zähes Gras mit scharfkantigen Blättern, das von Hand geschlagen werden muss – mit der Machete, unter der sen-

18

genden Sonne. Den Spaniern, die das Zuckerrohr pflanzen, ist diese Arbeit viel zu hart. Und von den einheimischen Taínos bleibt bald niemand mehr übrig, der in der Lage wäre, die schwere Arbeit zu verrichten.

Schon 1531 beginnt die Verwaltung der Insel daher, Sklaven aus Afrika ins Land zu holen. Kaum eine Weltgegend hat auf so engem Raum so viele Sklaven beschäftigt wie die Spanier auf Kuba. Über die Jahre werden mindestens 400 000, womöglich sogar bis zu 800 000 Menschen aus Afrika auf Sklavenschiffen auf die Insel verschleppt. Zehntausende sterben auf der langen Überfahrt, zusammengepfercht in den überladenen Segelschiffen, an Hunger, Erschöpfung, Krankheiten. Anfang des 19. Jahrhunderts wird der Import offiziell verboten, doch das treibt nur die Preise in die Höhe. In der Karibik werden bis zu 800 Dollar für einen Sklaven bezahlt, der zuvor am Kongofluss für dreißig Dollar einem Sklavenhändler abgekauft worden ist. Erst 1886 endet die Sklaverei endgültig; Kuba ist damit eine der Gegenden, in denen die unmenschliche Praxis am längsten aufrechterhalten wurde.

Die Geschichte der Sklaverei wirkt bis heute auf Kuba nach. So gelten 9,3 Prozent aller Kubaner als schwarz, 26,6 Prozent als Mulatten und 64 Prozent als weiß. Im Osten der Insel leben dabei mehr Schwarze und Mulatten, dort lagen die großen Zuckerrohrplantagen, und dorthin flohen etliche Sklaven aus Haiti nach der blutigen Niederschlagung des Sklavenaufstandes (noch heute finden sich im Osten Nachfahren der flüchtigen Sklaven, die Kreol sprechen). Im Westen Kubas überwiegen die Weißen. Die Tabakbauern in Pinar del Río, Nachfahren von Einwanderern aus den Kanaren, sind nicht auf billige Arbeitskräfte angewiesen und bleiben unter sich. Tabak braucht für die Aufzucht eher Engelsgeduld als harte Maloche.

Allerdings dürfte auch ein beträchtlicher Prozentsatz der weißen Kubaner afrikanisches Blut in sich tragen: Ganz anders als in den Vereinigten Staaten, wo Weiß und Schwarz getrennt leben, sind Ehen zwischen verschiedenen Hautfarben auf Kuba kein Thema, das irgendjemanden aufregt. Im Gegenteil, die Nachkommen aus solchen Ehen, die kubanischen Mulatten, werden von der Salsa-Band Los Van Van in höchsten Tönen besungen: »Wir sind Kubaner! Die perfekte Mischung, die reinste Kombination, die herausragendste Schöpfung. Gesegnet sei der Herr, dass er uns so viel Pfeffer gegeben hat, so viel Leidenschaft und so ein großes Herz. Wo wir auch hinkommen, wird gefeiert, wir feiern wilder als alle anderen! Platz da, die Kubaner kommen!« Der große kubanische Ethnologe Fernando Ortiz beschreibt die kubanische Ethnie als »Ajiaco«, als Eintopf, zu dem alle Welt etwas beigesteuert hat (auch eine Prise China und etwas jüdisches Leben finden sich in Havanna). Die kubanische Kultur lebt von der gleichberechtigten Mischung urafrikanischer – die Sklaven kamen aus Stammesgesellschaften, deren Lebenswelt von Naturreligionen geprägt war – und alteuropäischer Einflüsse.

Das bedeutet aber nicht, dass es in Kuba keinen Rassismus gäbe. Zwar hat die kubanische Revolution unter Fidel Castro viel dafür getan, allen Menschen gleichberechtigten Zugang zu Bildung und Arbeitsmarkt zu verschaffen. Aber das Gefühl, dass weiße Haut der schwarzen überlegen sei, bleibt dennoch tief im kubanischen Bewusstsein verankert. Wenn eine dunkelhäutige Frau Kinder zur Welt bringt, deren Haut heller ist als ihre eigene, sagen die Nachbarn ebenso anerkennend wie gedankenlos: »Sieht so aus, als wäre deine Gebärmutter ziemlich sauber.« Die Kinder wiederum gelten als *adelantados*, als »fortgeschritten« – als sei helle Haut ein Fortschritt gegenüber dunkler.

Im Großen und Ganzen überwiegt aber der Stolz auf die *mezcla perfecta*, die perfekte Mischung, den kubanischen Eintopf. Der brachte nämlich ein Volk hervor, das nicht nur ausgezeichnete Musik macht und hervorragend tanzen kann – sondern auch überaus aufrührerisch und rebellisch veranlagt ist. Das sollten erst die Spanier und dann die US-Amerikaner zu spüren bekommen.

Mitte des 19. Jahrhunderts regt sich Unmut unter den kubanischen Plantagenbesitzern, vor allem im Osten der Insel. Die spanischen Behörden lassen ihre Kolonie ausbluten, um ihr Militär zu finanzieren, und regieren mit harter Hand. Hohe Steuern schöpfen Reichtum ab; wer auf Kuba geboren ist, wie die Nachfahren der spanischen Siedler, hat keinerlei politische Teilhabe. 1865 verschärft sich die Lage, bedingt durch Steuererhöhungen und wirtschaftliche Krisen. Die Plantagenbesitzer verlangen Sitze im Parlament, eine Zollreform, juristische Gleichstellung mit den Spaniern.

Am 10. Oktober 1868 erhebt sich der Zuckermühlenbesitzer Carlos Manuel de Céspedes gegen die »spanische Tyrannei«. Er lässt seine Sklaven frei, damit sie an seiner Seite für die Unabhängigkeit Kubas kämpfen mögen. Mit einem Manifest wendet sich Céspedes gegen das Kolonialregime: »Unser Ziel ist es, das spanische Joch abzuwerfen und eine freie und unabhängige Nation zu gründen.« Hunderte Kubaner schließen sich Céspedes an: Die Spanier sind verhasst. Der Zehn-Jahres-Krieg nimmt seinen Lauf.

Nach nur drei Tagen nehmen die Rebellen die Stadt Bayamo ein; in patriotischem Überschwang komponiert der Guerillero und Musiker Perucho Figueredo das Lied »La Bayamesa«, heute noch Nationalhymne Kubas: »Fürchtet nicht den ruhmreichen Tod. In Ketten zu leben heißt sterben. Für das Vaterland sterben heißt leben!« Die Spanier antworten darauf mit roher Gewalt, überziehen das Land mit Terror, richten Tausende Kriegsgegner hin, verschleppen Frauen. Dörfer, die keine weiße Flagge hissen, werden in Schutt und Asche gelegt. Doch all dies führt nur dazu, das kubanische Selbstbewusstsein zu stärken. Die Spanier verunglimpfen ihre Gegner als »Mambises«, es soll ein Schimpfwort sein, bis die Rebellen den Namen mit Stolz zu tragen beginnen. Nationalhelden gehen aus diesem Krieg hervor, nach denen bis heute Straßen benannt werden: der unverwüstliche Rebellengeneral Máximo Gómez, der die Mambises lehrt, mit erhobenen Macheten gegen die Formationen der Spanier vorzustürmen und schwere Lücken in deren Reihen zu reißen; und Antonio Maceo, der »Titan in Bronze«, ein legendär starker Mulatte, der sich in 500 Schlachten mehr als 25 Schuss- und Macheten-Wunden zuzieht und überlebt.

Über zehn Jahre hinweg schickt das spanische Mutterland 250 000 Soldaten auf die Insel und kann dennoch nicht gewinnen. Aber auch den Kubanern gelingt es nicht, die Spanier entscheidend zu schlagen, unter anderem, weil die USA den Spaniern immer die neuesten Waffen liefern. Den Amerikanern ist die Idee eines unabhängigen Kuba vor ihrer Haustür nicht geheuer; später sollten sie lernen, wie recht sie damit haben. So kommt es 1878 zu einem widerwilligen Waffenstillstand. 200 000 Menschen haben den Krieg mit dem Leben bezahlt; doch die Kubaner gehen gestärkt daraus hervor, und die Spanier finden nie wieder zu alter Macht zurück.

Nur siebzehn Jahre währt der Friede, während der ein wichtiger Nationalheld die politische Bühne betritt. Der Dichter José Martí verbringt die meiste Zeit seines Erwachsenenlebens im Exil, erst in Spanien, dann in Lateinamerika und schließlich in den USA, wo er einige seiner wichtigsten Verse schreibt (zum Beispiel jene, die im Lied »Guántanamera« gesungen werden, das heute in allen Touristenbars geklimpert wird). Vor allem aber formiert er im Exil eine Unterstützungsbewegung für die kubanische Unabhängigkeit. Eine entscheidende Rolle spielen dabei die Zigarrendreher in Florida: Dank der alten Tradition, dass den Drehern bei der Arbeit ein Vorleser in stundenlangen Reden die Nachrichten des Tages und die wichtigsten Werke der Weltliteratur vermittelt, gelten Zigarrendreher als überdurchschnittlich gebildet und politisch bewusst. Martí hält Reden vor den Zigarrendrehern in Florida und sammelt Geld für den erneuten Aufmarsch der Mambises auf Kuba.

1895 schlagen die Rebellen erneut los; wieder mit Antonio Maceo und Máximo Gómez in vorderster Linie. Die Mambises haben nur 3000 Mann gegen die Armee der Spanier aufzubieten und viel zu wenige Waffen (unter anderem, weil die USA alle Schiffe mit Nachschub aufbringen). José Martí eilt selbst auf die Insel, doch der Dichter ist zum Kämpfen viel zu zart besaitet und fällt in einem der ersten Gefechte. 1896 stirbt Máximo Gómez im Kampf. Dennoch gewinnen die Rebellen an Boden. Sie verlegen sich auf Guerilla-Kämpfe, schlagen unerwartet zu und ziehen sich schnell wieder zurück. Nach zwei Jahren klagt ein spanischer Politiker: »Wir haben 200 000 Mann geschickt und kontrollieren doch nur den Boden, auf dem unsere Soldaten stehen.«

Im Januar 1898 senden die USA ein Schlachtschiff nach Havanna, die *USS Maine*; angeblich, um das Leben der amerikanischen Bürger auf der Insel zu schützen. Am 15. Februar explodiert das Schiff im Hafen und reißt 258 Menschen in den Tod. Die Ursache der Explosion wird nie geklärt, doch es steht außer Frage, dass weder die Spanier noch die Kubaner Interesse daran haben, die USA herauszufordern.

In den USA herrscht zu dieser Zeit jedoch bereits ein anderer Krieg: die Schlacht der beiden Verleger Joseph Pulitzer und William Randolph Hearst um die Aufmerksamkeit ihrer Leser. Und ein Krieg mit amerikanischer Beteiligung verspricht den Zeitungen drastische Auflagensteigerungen. Schon seit Monaten veröffentlichen die Blätter in den USA Horrorgeschichten über Leichen in den Straßen Havannas, um die Stimmung anzuheizen. Ein Illustrator, der von Hearst nach Kuba geschickt worden war, um die spanischen Gräueltaten zu »dokumentieren«, schreibt seinem Verleger: »Alles ruhig hier. Es gibt keinen Aufruhr, und es wird keinen Krieg geben. Ich möchte zurückkehren.« Woraufhin Hearst wutentbrannt zurückschreibt: »Besorg mir die Bilder, und ich besorge dir einen Krieg!«

Es wird ein schneller Krieg oder, wie ihn später ein amerikanischer Botschafter nennen wird, ein »famoser kleiner Krieg«, der gerade mal zehn Wochen dauert. Zu den Kommandeuren der amerikanischen Truppen gehört auch der spätere Präsident Theodore Roosevelt. Die Amerikaner überrollen die Spanier und versenken deren Karibikflotte. Obwohl die US-Truppen dafür auf die Hilfe der Mambises angewiesen sind, sitzen diese bei den Friedensverhandlungen nicht mit am Tisch. Im Dezember 1898 verlassen die letzten spanischen Truppen Kuba. An ihrer Stelle sitzt nun ein amerikanischer Gouverneur im Regierungspalast in Havanna: Die Mambises haben zwar die Unabhängigkeit von Spanien erkämpft, doch ein souveräner Staat ist Kuba noch immer nicht.

Die amerikanische Besatzung der Insel dauert nur dreieinhalb Jahre, doch das genügt, die Amerikaner als neue Herren im Haus zu etablieren. Als der erste kubanische Präsident Tomás Estrada Palma im Mai 1902 sein Amt antritt, befindet sich der Großteil der kubanischen Wirtschaft in der

Hand amerikanischer Unternehmer. Als Bedingung für den Abzug ihrer Truppen diktieren die USA dem kubanischen Parlament eine Verfassungsänderung, die den USA das Recht einräumt, in Kuba eine Militärbasis zu unterhalten (sie existiert heute noch in Guantánamo) und jederzeit in Kuba einzumarschieren, »um die kubanische Unabhängigkeit zu erhalten«. Das sogenannte Platt Amendment macht Kuba de facto zu einem Vasallenstaat der USA und seine zukünftigen Präsidenten zu Marionetten der Regierung in Washington. Fidel Castro wird erst 25 Jahre später geboren werden, doch das Platt Amendment bereitet seiner Revolution bereits den Boden. Denn das Dürsten nach Freiheit und Unabhängigkeit bleibt weiter unbefriedigt.

Vor der Revolution wird aber erst einmal gefeiert. Und wie! Geld genug ist schließlich da: Um das Jahr 1920 erlebt Havanna einen kurzen, wilden »Tanz der Millionen«.

Der Erste Weltkrieg legt den Grundstock für Havannas sagenhaften Reichtum; denn auf den Rübenfeldern Frankreichs werden Schützengräben gezogen und Leichenberge aufgehäuft. Die Zuckerproduktion fällt weltweit um zwanzig Prozent. In Kuba roden die Zuckerbauern eifrig frisches Land, Investoren bauen Dutzende neue Zuckermühlen und verdoppeln die Produktion auf mehr als fünf Millionen Tonnen pro Jahr. Die Preise, zuvor bei zwei Cent pro Pfund Zucker, verzehnfachen sich auf 22 Cent im Mai 1920. Es ist die Zeit, in der kleine Bauern aus den Provinzen in Havannas Juwelierläden zu finden sind, um sich goldene Gürtelschnallen mit ihren Initialen fertigen zu lassen.

Der Boom hält nicht lange an. Als sich die europäische Landwirtschaft vom Krieg erholt, fällt der Zuckerpreis. Viele kubanische Bauern, die bis dato immerhin noch vierzig Prozent des Zuckerrohrs auf der Insel ernten, überstehen den

Crash nicht. Sie sind gezwungen, ihr Land an amerikanische Konzerne zu verkaufen, zum Beispiel an die United Fruit Company, die bereits erhebliche Teile des Landes kontrolliert. Die Party zum Tanz der Millionen hinterlässt einen Kater, der den Unmut über die amerikanischen Herren im kubanischen Haus weiter schürt.

Doch einstweilen haben die USA nichts zu befürchten: Im Präsidentenpalast in Havanna geben sich willfährige Diktatoren die Klinke in die Hand. Gerardo Machado wird 1933 von einer zarten kubanischen Revolte aus Studenten und Arbeitern aus dem Amt gejagt. Doch der kubanische Frühling mit Hoffnung auf soziale Gerechtigkeit und Landreform währt nicht lange; 1934 putscht sich Fulgencio Batista zum ersten Mal an die Macht, unterstützt von den USA und den reichen Landbesitzern. Nach einer Folge von Wahlen putscht Batista 1952 erneut. Der alte, neue Präsident versteht sich prächtig mit der amerikanischen Mafia. Meyer Lansky, »Boss der Bosse«, hält im »Hotel Nacional« Hof, seine Schergen kontrollieren die Casinos der Stadt, in denen sich amerikanische Touristen mit kubanischen Prostituierten vergnügen. Wirtschaftlich geht es dem Land nicht schlecht; all die Oldtimer, die heute noch das Stadtbild Havannas prägen, werden in dieser Zeit aus den USA importiert.

Doch ein großer Teil der Landbevölkerung bleibt arm und ohne Zugang zu Bildung oder Krankenfürsorge, und der Druck auf Batista wächst. In den Bergen im Osten hat sich ein Nest aus Guerilleros festgesetzt, die der kubanischen Armee das Leben schwermachen. Batista versucht, die Rebellion der Bärtigen mit Gewalt zu ersticken, bombardiert die Dörfer im Osten mit Waffen, die wiederum die USA bereitwillig liefern. Doch je brutaler er zuschlägt, umso mehr Menschen laufen zu den Rebellen über. Am Ende siegt die gerechte Revolution. In der Silvesternacht 1958 flieht Batista mit mehr als vierzig Millionen Dollar Bargeld, vom kubanischen Volk gestohlen, aus dem Land; eine gute Woche später marschiert triumphal der neue Herr im Haus in Havanna ein: Fidel Castro und seine Rebellen haben Kuba befreit. Zum ersten Mal ist das Land, wenigstens für eine kurze Zeit, wirklich unabhängig und fest in kubanischer Hand.

Doch in den Jubel mischen sich Misstöne: Der große Nachbar im Norden fürchtet um seinen Einfluss.

Die USA betrachten Kuba, ganz im Geist des Platt Amendment, als Vasallenstaat, doch Fidel Castro denkt nicht daran, sich aus Washington Vorschriften machen zu lassen. Castro enteignet im großen Stil Raffinerien, Zuckermühlen und Telefonbetriebe in amerikanischem Besitz. Der erste Exodus beginnt, viele Ärzte, Ingenieure verlassen das Land und die Oberschicht, die später den Kern der Exilgemeinde in Miami bilden wird. Schon wenige Monate nach dem Sieg der Revolution beginnt die Regierung von Dwight D. Eisenhower, Castros Sturz zu planen. Im Januar 1961 brechen die USA ihre diplomatischen Beziehungen zu Castro ab, im Februar setzen sie ein umfassendes Handelsembargo in Kraft. Kuba soll ausgehungert werden.

Im April 1961 versuchen 1400 Exilkubaner, von der CIA ausgebildet, in der Schweinebucht im Süden Kubas zu landen. Die Exilanten planen, die Kubaner zur Revolte gegen Castro aufzustacheln, eine provisorische Gegenregierung zu errichten und damit den USA einen Vorwand zu liefern, in Kuba einzumarschieren. Doch das Unternehmen scheitert; Castro selbst, so die Legende, versenkt das Schiff der Invasoren mit einer Panzergranate. Die Kubaner bejubeln ihren Staatschef – und nicht die »Retter«, die niemand gerufen hatte. Mitten im Schlachtengetümmel definiert Castro zum ersten Mal seine Revolution als »sozialistisch«. Er hat neue Freunde gefunden, weit im Osten.

Über Jahrzehnte bleibt die Sowjetunion der starke Partner Kubas und hält das Land in einer wirtschaftlichen Abhängigkeit, die am Ende in den Ruin führt. Zuvor aber bringt das Gespann Kuba-UdSSR die Welt an den Rand eines Atomkriegs. Im Oktober 1962 entdecken amerikanische Aufklärungsflugzeuge, dass die Sowjetunion offenbar Atomraketen auf Kuba stationiert. US-Präsident John F. Kennedy schickt seine Flotte und verhängt eine Quarantäne über Kuba, damit keine weiteren sowjetischen Schiffe anlaufen können. Der sowjetische Staatschef Nikita Chruschtschow lässt seine Schiffe abdrehen und zieht die Raketen wieder ab, und die Amerikaner versprechen, in Kuba nicht einzumarschieren.

Erst Jahrzehnte später wird bekannt, wie explosiv die Situation wirklich war. Fidel Castro hatte offenbar ein Telegramm an Chruschtschow geschickt, indem er sein Volk bereitwillig für den Marsch ins atomare Feuer opfert. Die USA erwogen wiederum, in Kuba einzumarschieren, ohne zu wissen, dass dort bereits taktische Kernwaffen – »kleine« Atombomben für Kampfeinsätze – stationiert waren, was im Ernstfall sofort zu einer nuklearen Eskalation geführt hätte. Und der U-Boot-Kommandeur Wassili Archipow bewahrte als Einziger kühlen Kopf, als das russische U-Boot von amerikanischen Zerstörern mit Wasserbomben beschossen wurde, um es zum Auftauchen zu zwingen: Die übrige Besatzung dachte, der Krieg habe bereits begonnen, und war bereit, atomar bestückte Torpedos zu zünden.

Nie war der Untergang der Welt näher als in diesen Tagen im Oktober 1962.

Nach der Kubakrise (die in Kuba »Oktoberkrise« heißt und in den USA »Kubanische Raketenkrise«) festigt Fidel Castro seinen Griff um die Macht. Mithilfe sowjetischer Bera-

28

ter wird die kubanische Wirtschaft sozialistisch aufgestellt. In Lateinamerika weitgehend isoliert, schließt Kuba Bündnisse im Ostblock, schickt Soldaten nach Angola, um dort die sozialistische Befreiungsfront im Kampf gegen das südafrikanische Apartheid-Regime zu unterstützen. Doch es gibt mehr und mehr Unzufriedene im Land, und als im Frühjahr 1980 fünf von ihnen einen Bus kapern und den Zaun zur peruanischen Botschaft durchbrechen, um politisches Asyl zu beantragen, verkündet Castro, wer gehen wolle, solle doch gehen. Der »Exodus von Mariel« wird über den gleichnamigen Hafen östlich Havannas abgewickelt. Exilkubaner schicken Boote aus Miami, und 125 000 Kubaner verlassen auf einen Schlag das Land – darunter Hunderte Kriminelle, die Castro eigens aus den Gefängnissen entlassen hat. Aus ihnen formiert sich die Mafia in Miami, wie in Brian de Palmas Film »Scarface«, mit Al Pacino in der Hauptrolle, brillant inszeniert.

Dennoch denken viele Kubaner heute mit Wehmut an die 1980er-Jahre zurück. Die Wirtschaft läuft zu dieser Zeit, dank fetter sowjetischer Subventionen, einigermaßen rund; die Universitäten sind voller Studenten aus aller Herren Länder, und das Kulturleben zeigt sich, nach Jahren der Repression, lebendiger. Vor allem aber: Es geht allen ungefähr gleich gut. Privatunternehmen sind weitgehend abgeschafft, materielle Güter werden aufgeteilt, und sogar Arbeiter können sich von ihrem Lohn einen Urlaub am Strand von Varadero leisten. Nachrichten aus dem kapitalistischen Ausland sind spärlich, und wenn welche eintreffen, konzentrieren sich die Staatsmedien auf die negativen Meldungen. Soziale Unruhen sind nicht zu erwarten; die Unzufriedenen haben das Land ohnehin verlassen. Niemand leidet Hunger. Doch dann fällt der Eiserne Vorhang – und Kuba stürzt ins Bodenlose.

Nach dem Zusammenbruch der Sowjetunion 1991 schrumpft Kubas Wirtschaft um 35 Prozent. Jahrelang hat der sozialistische Gigant seinen kleinen karibischen Bruder durchgefüttert, jetzt muss dieser erst einmal lernen, für sich selbst zu sorgen. Fidel Castro schwört sein Land auf die »Spezialperiode in Friedenszeiten« ein, eine lange Leidenszeit aus Mangel, Hunger und Verzweiflung. 1994 versuchen Zehntausende im »Exodus der Balseros«, auf selbst gebauten Flößen über die 150 Kilometer breite Meerenge nach Florida zu fliehen. Tausende kommen dabei ums Leben.

Schließlich gibt Fidel Castro den US-Dollar als Zahlungsmittel frei. Der Sozialismus ist, ohne Unterstützung der Sowjetunion, zum Scheitern verurteilt.

Kuba braucht dringend Devisen; drei Viertel aller Lebensmittel werden importiert. Die Zuckerindustrie leidet unter veralteten Maschinen und Treibstoffmangel, die Tabakindustrie unter dem Embargo der USA. Deswegen entschließt sich Fidel Castro dazu, Millionen Touristen ins Land zu locken. Überall auf der Insel werden Hotels gebaut. Dabei entsteht eine Zwei-Klassen-Ökonomie: Es gibt ein Kuba, in dem Überfluss herrscht, mit festlichen Frühstücksbüfetts in luxuriösen Viersternehotels, wo livrierte Diener Mojito zum Sonnenuntergang und Langusten zum Abendessen servieren. Das ist das Kuba, in dem zunächst mit Dollars, dann mit dem konvertiblen Peso CUC bezahlt wird, zu dem die meisten Kubaner keinen Zugang haben.

Und es gibt das Kuba des Mangels, mit langen Schlangen vor der Bodega, wo spärliche Rationen subventionierter Grundnahrungsmittel ausgegeben werden. Hier wird mit CUP bezahlt, der *moneda nacionál*. Für viele Kubaner ist der CUP die einzige verfügbare Währung, für die es aber nichts zu kaufen gibt: kein Shampoo, kein Speiseöl. Die revolutionäre Moral sinkt, dafür gibt es viel Sarkasmus: »Wir tun so, als würden wir arbeiten; und der Staat tut so, als würde er uns bezahlen.« Der Badeort Varadero wird regelrecht abgeriegelt; Kubaner haben dort höchstens als Servicepersonal Zugang. Die schönsten Strände, das beste Essen, der sanfteste Rum und die dicksten Zigarren bleiben Ausländern vorbehalten.

Über ein Jahrzehnt bleibt diese Zwei-Klassen-Ökonomie bestehen, dann wird Fidel Castro schwer krank, überlebt nur knapp eine Darmoperation im August 2006. Sein Bruder Raúl Castro übernimmt die Regierung, erst kommissarisch, dann komplett. Raúl baut das Land nachhaltig um. Er handelt nicht aus ideologischen Gründen, ihn treibt eine bittere Einsicht: »Wenn wir uns nicht ändern, gehen wir unter.« Fidel Castro muss tatenlos zusehen, wie seine Getreuen nach und nach aus wichtigen Parteifunktionen gedrängt werden. Raúl öffnet die Hotels für Kubaner, gibt die Wirtschaft für Kleinunternehmer frei, verordnet Reisefreiheit, verspricht für später ein Ende der doppelten Währung. Und verhandelt heimlich mit dem US-amerikanischen Präsidenten Barack Obama über Wiederaufnahme der diplomatischen Beziehungen. Am 14. August 2015 öffnet US-Außenminister John Kerry die seit 54 Jahren geschlossene Botschaft der USA in Havanna.

Neun Jahre nach dem Ende der Herrschaft Fidel Castros hat auf Kuba eine neue Epoche begonnen, und es ist unmöglich vorherzusagen, in welche Richtung sich das Land letztendlich bewegen wird. Es gibt ein Sprichwort – *El cubano, o no llega, o se pasa* –, wonach Kubaner ihr Ziel stets verfehlen: Entweder sie springen nicht weit genug, oder sie schießen darüber hinaus. Droht nach Jahren ehernen Sozialismus nun ein entfesselter Kapitalismus?

Noch ist es nicht so weit. Viele Kubaner erleben die beste Zeit ihres Lebens: Noch funktionieren die Errungenschaften des Sozialismus wie kostenlose Bildung und Gesundheitsfürsorge, und zugleich gibt es ungeahnte Möglichkeiten, wirtschaftlich aufzusteigen. In Havanna manifestiert sich diese neue Freiheit auch in einem aufgedrehten, fröhlichen Nachtleben, wie es die Hauptstadt lange nicht gesehen hat. In diesem Sinne, in Abwandlung eines alten Leitsatzes, gilt in Kuba heute: *Hasta la fiesta, siempre!*

Havanna: Die Königin der Karibik

Schon immer war Havanna eine Stadt, der man verfallen konnte.

Der Himmel über Havanna gehört den Taubenzüchtern. Sie sind die Herren der Lüfte; unermüdlich kreisen ihre Vögel über den Dächern der Stadt, in schwirrenden Schwärmen. Doch was so friedlich aussieht, ist in Wahrheit ein Kampf – es herrscht Krieg über den Dächern der Stadt, der Krieg der Palomeros. Wer es schafft, fremde Tauben mit seinem Schwarm einzufangen, darf sie behalten. Und Michel Rodriguez ist gut gerüstet für den Kampf; er hat die Mauerkrone seines Daches mit Fallen gespickt. Kleine Schlingen liegen überall aus, mit langen Fäden verbunden, die alle bei Michel zusammenlaufen. Setzt sich eine fremde Taube auf die Mauer, zieht er die Schlinge zu. Ist es ein Weibchen, das ihm in die Falle geht, verkauft er es für zwei Dollar. Ist es ein Männchen, wird der Täuberich sieben Tage lang im Dunkel eingesperrt, dann sieben Tage in einem Panoramakäfig, damit er sich ans neue Zuhause gewöhnt, dann bekommt er ein Weibchen an die Seite und nach achtzehn Tagen darf er fliegen. Nur paarweise und nur, wenn er vorher gefressen hat und satt ist. Michel kennt alle Tricks, auch die der anderen.

Lässig lehnt Michel Rodriguez, 21 Jahre jung und aufreizend cool, an der Mauerkrone des Daches, raucht Filterlose im Mundwinkel. Seinen Schwarm lässt er nicht aus den Augen. Die Vögel drehen schwirrend Runden über dem nahen Capitolio, über dem Gebäude Bacardí, wo einst die Hauptverwaltung des Rum-Imperiums residierte. Federleichte Wolken ziehen über den Himmel, der hier oben, über den Dächern der Altstadt, so weit ist wie über den Sandbänken im Süden. Die Millionenstadt Havanna ist von hier aus nur ein fernes Stimmengewirr.

Michel wohnt in einer Landhütte, die auf das Dach eines alten Bürgerpalastes in der Altstadt gepflanzt wurde, mit Wäscheleine vor der Hütte, auf der neonbunte T-Shirts in der Sonne trocknen. Eine ganze Familie findet in der Holzhütte Platz, in Zimmern, durch deren rohe Planken der Wind pfeift. Wenn es regnet, schiebt Michels Mutter Eimer unter die Löcher im Dach, um den Regen aufzufangen; mit diesem Wasser lässt sich wenigstens die Wäsche noch waschen. Ein typisches kubanisches Penthouse in Havanna, eigentlich illegal, improvisiert, genial aufgebaut und dann doch geduldet. In der Altstadt ist so ein Penthouse ein bedrohter Lebensraum, ein Heim auf Zeit. Michel weiß noch nicht, wer zuerst kommen wird, um ihn und seine Familie zu vertreiben: Werden es die Bautrupps der Sanierungsbrigade sein? Oder ist es der städtische Statiker, der das Gebäude als einsturzgefährdet und unbewohnbar klassifiziert?

Habana Vieja: Die aufgeputzte Schönheit

Das Schicksal von Michels Familie stellt keine Ausnahme dar, eher die Regel. Als Havannas Altstadt im Jahr 1982 zum Weltkulturerbe erklärt wurde, gehörte sie bereits auf die Liste bedrohter Stätten. In jedem Wintersturm ging ein Haus verloren, stürzte krachend in sich zusammen, begrub Bewohner und Passanten unter Trümmern kolonialer Säulenbögen und Kapitellen. Dann kam Eusebio Leal Spengler.

Der Mann, der Havannas Altstadt gerettet hat, oder wenigstens einen Teil davon, ist nicht groß und geht auf weichen Sohlen. Er trägt mit Vorliebe graue oder cremefarbene Hemden und Hosen, spricht nie laut, aber mit sonorer Stimme. Anfang der 1990er-Jahre entwarf Eusebio Leal, Stadthistoriker und Mitglied des Zentralkomitees der Kommunistischen Partei, einen genialen Plan: Er ließ, zur Zeit der schlimmsten Not, alte Hotels und Bars in der Altstadt für den Tourismus herrichten. Zu einer Zeit, als noch kaum ausländische Touristen in die Stadt kamen und die touristische Infrastruktur lausig war, öffnete so das »Café Paris« nahe der Plaza de Armas. Mit dem Geld, das die Touristen dort ausgaben, wurde die Renovierung der nächsten Ruine in Angriff genommen.

Nicht alles läuft perfekt bei der Sanierung. Als sie vor zwanzig Jahren begann, kam schnell die Klage auf, Eusebio Leal saniere die Gebäude tot, zu perfekt, zu glatt, zu bunt gerieten die Fassaden. Doch Leal wusste wohl, was die Zeit und das Klima anrichten würden, die Stürme, die tropischen Regenschauer, die brutale Hitze. Längst müssen die ersten Gebäude, die in den 1990er-Jahren strahlend leuchteten, erneut eingerüstet werden. Andere warten seit Beginn der Altstadtsanierung vergeblich darauf, dass sie an die Reihe kommen. Etwa das »Hotel Packard« unten am Prado, nur noch eine halbe Fassade, dessen Notgerüst längst selbst der Renovierung bedarf. Andere Gebäude fristen seit zwanzig Jahren ein Halbleben als Baustelle; etwa das »Hotel Cucto« an der Plaza Vieja, aus dem ein verrosteter Kran ragt. Wer vorbeigeht, hört den Widerhall der Hammerschläge eines einzigen, verlorenen Arbeiters. Für jedes Gebäude, das gerettet wird, gibt es zwei, die aufgegeben werden müssen, und so arbeiten sich die Bautrupps voran, mit Notoperationen, behutsamen Reanimationen und schmerzhaften, aber unvermeidlichen Totalamputationen.

Wer das Lebenswerk von Eusebio Leal würdigen will, braucht nur die Calle Obispo hinabzugehen bis zur Plaza de Armas, dann durch die Mercaderes zur Plaza Vieja und durch die Teniente Rey wieder hoch zum Capitolio. Als die Altstadt unter Schutz gestellt wurde, war diese Strecke ein Ruinenpfad; etliche Häuser waren abgesperrt, weil einsturzgefährdet, an allen prangten Löcher in den Mauern. Heute glänzen entlang dieser Route alle Fassaden in der Sonne; im Erdgeschoss mit kleinen Lädchen, im Obergeschoss mit renovierten, geräumigen Wohnungen. Im Gebiet der Altstadt gibt es fast ein Dutzend Boutique-Hotels, eingerichtet in Palästen der Kolonialzeit: das prächtige »Florida« an der Obispo, das stille »Hostal Valencia«, das »Hotel Raquel« mit dem spektakulären Glasdach, ein Stück jüdischer Geschichte in Havanna.

Der Spaziergang durch die Altstadt folgt den Spuren des Architekten und großen kubanischen Schriftstellers Alejo Carpentier, der seine Heimatstadt gegen den Vorwurf verteidigte, sie leide unter »schlechter Straßenführung«. In Wahrheit, schreibt Carpentier 1964 in einem Essay, gehorche die verwinkelte Straßenführung »großer Weisheit«, nämlich der Kunst, »mit der Sonne Versteck zu spielen, den Oberflächen ein Schnippchen zu schlagen«. Dadurch gelingt es, die Altstadt in eine »Stadt der Schatten« zu verwandeln, »in Vorankündigung glühend heißer Abende«. »Frieden und Kühle« findet Carpentier in den schattigen Winkeln, sagt aber auch damals schon: Die Altstadt ist nur noch ein Schatten ihrer selbst.

Der Verfall von »Habana Vieja« beginnt bereits Mitte des 19. Jahrhunderts, als die Stadt sich ausdehnt und die besseren Familien in die neuen Viertel ziehen. Nacheinander entstehen erst Centro Habana, dann die Stadtteile Cerro und Vedado und dann im 20. Jahrhundert die Gartenstadt Miramar. Bei der Ausbreitung nach Westen bleiben die alten Stadtteile zurück wie abgelegte Häute einer Schlange. Aus den Provinzen drängen mehr und mehr Menschen in die Hauptstadt, die rasant wächst. In den einst prächtigen Palästen der Altstadt, die erbaut wurden für eine einzige wohlhabende Familie, drängen sich nun ein Dutzend Familien vom Land; manche oft nur in einem einzigen Zimmer, das als Wohn-, Ess-, Schlafzimmer und Küche dienen muss. Aus den Kolonialbauten werden *ciudadelas*, Mini-Slums. In die hohen Räume, die das Leben unter der tropischen Sonne durch ausreichende Belüftung erträglich machen sollten, ziehen die neuen Bewohner grobe Zwischendecken ein. Aus zweistöckigen Palästen werden so vierstöckige Massenbehausungen.

In den 1950er-Jahren hat die Stadtverwaltung genug von der Armut, vom Verfall, und schmiedet große Pläne. Die neuen Ideen passen in das diktatorische Regime des Fulgencio Batista, dem die Bevölkerung seines Landes egal ist, solange sie nicht aufbegehrt. Der katalanische Architekt Josep Lluís Sert entwirft den *plan piloto*, eine radikale Neuorganisation Havannas. Direkt neben dem Castillo Morro soll ein protziger Präsidentenpalast entstehen, vor dem Malecón eine künstliche Insel mit Hochhäusern für die Reichen. Die gesamte Altstadt würde laut diesem Plan erst geräumt (weg mit den Armen, aus den Augen, aus dem Sinn) und dann rasiert und durch kleinteilige Neubauten mit reichlich Parkraum für die immer zahlreicheren Autos ersetzt werden. Bis auf wenige Monumente sollte alles abgerissen werden, was über Jahrhunderte aufgebaut wurde. Wer wissen will, wie das hätte aussehen können, braucht sich nur das Stadtquartier an der Ecke Obispo und San Ignacio anzusehen: Dort wurde in den 1950er-Jahren der alte Convento de Santo Domingo abgerissen, ehemals Sitz der Universität von Havanna, und durch einen Büroklotz ersetzt, auf dessen Dach ein Hubschrauberlandeplatz eingerichtet wurde. Ein grauenvolles Gebäude, ohne jeden Maßstab und ohne Sinn für seine Umgebung.

Hätte Josep Lluís Sert sich durchgesetzt, wäre Havanna heute hässlicher als Miami.

Am 8. Januar 1959 marschiert Fidel Castro mit seinen Rebellen in Havanna ein, und die Stadt fällt in einen tiefen Dornröschenschlaf. Castro und Che Guevara beziehen im neu erbauten Hotel »Havana Hilton« an der 23. Straße im Vedado ihre Kommandostation, benennen es in »Habana Libre« um. Ein Hochhaus nahe dem Malecón, gerade im Bau, das eigentlich der Sitz der Nationalbank und der Börse werden sollte, wird kurzerhand in ein Hospital umgewidmet, das wohl einzige Krankenhaus mit Tresorraum im Keller. Der Country Club im Reichenviertel Cubanacán muss schließen, auf seinem Gelände wird eine Kunstschule eingerichtet; es wird das ambitionierteste Architekturprojekt der Revolution – und niemals fertig. Bis heute werden die Tänzer, Maler, Schauspieler Kubas in einem Konglomerat genialer, unvollendeter Gebäude ausgebildet.

Für den Rest Havannas aber ist kein Geld da. Fidel Castro konzentriert sich darauf, die Lage der Landbevölkerung zu verbessern, lässt dort Schulen und Hospitäler bauen. Havanna wird bestimmt »von einem Kult der Improvisation«, erklärte mir einmal der Stadtplaner Mario Coyula in einem Interview. »Es ist die Mentalität des Guerilleros, der sehr flexibel ist, aber immer nur reagiert, nicht plant, keine langfristigen Ziele verfolgen kann.« Dazu komme, wie Coyula sagte, »die exzessive Zentralisierung: Alle haben sich nur einer einzigen Person gegenüber zu verantworten, die alle anderen für unfähig, nein, für Idioten hält.« Die Revolution habe Havanna immer misstraut, habe die Stadt immer abgelehnt, »wie eine schöne Frau, die zu viel Geld ausgibt, um sich aufzuputzen«.

Erst gerettet, dann verlottert: Fast ist es, als hätte Fidel Castro Havanna, die karibische Schöne, in letzter Minute vom Schafott der Modernisierung geholt, nur um sie dann ganz langsam auszuhungern.

Gerechterweise muss man aber sagen, dass die drastische Verbesserung der Lage der Landbevölkerung (und eine rigide Politik) dazu geführt haben, dass Havanna in den Castro-Jahren lange nicht so rasant gewachsen ist wie andere Städte Lateinamerikas. Dort, in Caracas, Mexico-Stadt, Buenos Aires, Bogotá, kann man an den Rändern die Ausdehnung sehen und spüren, kann den ständigen Zuzug verarmter Bauern beobachten, die von irgendwelchen Agrarkonzernen oder Drogenkartellen von ihrem Land vertrieben wurden und daher in die Stadt flüchten. In den 1950er-Jahren war für Havanna dasselbe prognostiziert; die Stadt sollte binnen weniger Jahre auf vier Millionen Bewohner anschwellen. Stattdessen hält sie sich bis heute einigermaßen konstant bei rund zwei Millionen. Das hat auch mit der beständigen Auswanderung zu tun; die meisten der Hunderttausenden, die Castros Kuba verlassen haben, hatten zuvor in Havanna gewohnt. In ihren Häusern leben nun verdiente Revolutionäre, viele vom Land. Havanna ist ländlicher geworden dadurch, provinzieller. Mario Coyula erzählte von einem Bauern, der nach der Revolution nach Havanna kam, dort in einem der Hochhäuser in Vedado ein Apartment zugeteilt bekam. Er wollte sich aber nicht von seinem Pferd trennen, also lebte das Pferd mit bei ihm in der Wohnung. »Jeden Morgen fuhr er mit dem Pferd im Aufzug ins Erdgeschoss und führte das Tier auf die Wiese vor dem Haus, damit es grasen konnte. Und abends fuhr er mit dem Pferd im Aufzug wieder hinauf in seine Wohnung.«

Coyula, der 2014 starb, sehnte einen Wandel in der Stadtplanung herbei: »Die Wohnungsgesetze hatten das hehre Ziel, dass jeder ein Eigentümer sein konnte. Aber das führte dazu, dass niemand mehr in die Häuser investierte. Und das gesamte Bauwesen wurde politisiert. Da wurde nicht mehr nur ein Krankenhaus gebaut: Da wurde die Gesundheitsversorgung des Volkes gesichert. Statt Stadtplanern haben nun die Bauingenieure das Sagen. Das ist etwa so, als würden die Drucker entscheiden, was in dem Buch steht, das sie drucken.« Das Heraufziehen des Kapitalismus ließ aber auch Coyula nicht ohne Sorge für seine Stadt: »Wenn wir Glück haben, bekommen wir das Beste aus beiden Welten, das Beste aus Sozialismus und Kapitalismus. Aber es ist so, wie wenn eine schöne, aber einfältige Frau einen klugen, aber hässlichen Mann heiratet. Du hoffst natürlich, dass ihre Kinder schön und klug sein werden. Aber sicher ist das nicht.«

Die Transformation Havannas zur Post-Castro-Zeit ist bereits in vollem Gange, und es lässt sich absehen, dass es wohl von allem etwas geben wird: klug gebaute, schöne Gebäude und verwahrloste, hässliche Ecken. Über Jahrzehnte haben in der Stadt Chefärzte und Schreiner unter einem Dach gelebt, Professoren und Putzfrauen, Schwarze, Mulatten und Weiße, Kubaner mit chinesischen und jüdischen Wurzeln. Jetzt beginnt Havanna wieder, sich rasant entlang ökonomischer Verwerfungslinien zu trennen, und auch die Hautfarben zeichnen sich wieder stärker auf dem Stadtplan ab.

Der Kern der Altstadt gehört schon heute weitgehend dem Tourismus. Dies wird sich mit dem Heraneilen von Millionen US-Amerikanern noch verschärfen. Nicht alle Häuser werden sich dort retten lassen; viele brauchen eine Sanierung, die Hunderttausende kosten würde, Millionen für einen Straßenzug, viele Milliarden für die gesamte Altstadt. Doch je mehr Touristen kommen, umso mehr Geld wird fließen. Und die alte Stadt lässt sich trefflich zur kommerziellen Puppenstube ausbauen, mit Mojito, Zigarren und Buena Vista an jeder Ecke. Und natürlich, irgendwann, mit Schnellrestaurants amerikanischer Prägung.

Am prächtigsten präsentiert sich Havanna rund um den Parque Central, das Herz der Stadt. Hier stehen das Gran Teatro, das Zuhause der weltberühmten kubanischen Ballett-Compagnie, und das Manzana de Gómez, früher ein Einkaufszentrum und Verwaltungsgebäude, dann umgebaut zum Fünfsternehotel. Mitten auf dem Parque Central grüßt, palmengesäumt, der kubanische Volksdichter und Held des Befreiungskrieges, José Martí. Das Monument gilt den Habaneros seit jeher als Heiligtum. Als im Jahr 1949 Matrosen eines amerikanischen Flugzeugträgers, der im Hafen ankerte, begannen, auf die Statue zu klettern, wurden sie von kubanischen Passanten im Park fast gelyncht und mussten von der Polizei gerettet werden.

Wenige Meter weiter thront die mächtige Kuppel des Kapitols, 1929 als Kopie des klassischen Vorbilds in Washington gebaut (aber drei Meter höher – die Rivalität mit den Nachbarn im Norden ist viel älter als die Castros). Vom Parque Central führt der Paseo de Prado hinab zum Malecón und zum Meer. Der Prado dient auch als Trennlinie zwischen der Altstadt und ihrer verwilderten großen Schwester mit den dreckigen Fingernägeln und den aufgeschlagenen Knien: Centro Habana.

41

Centro Habana: Im schmutzigen Reich des Pedro Juan Gutiérrez

In Centro Habana wird sich noch auf Jahrzehnte hinaus nicht viel bewegen. Für Touristen gibt es hier nicht viel zu entdecken außer dem derben, unverfälschten Havanna, das der Schriftsteller Pedro Juan Gutiérrez in seiner »Schmutzigen Havanna Trilogie« so brechreizend beschrieben hat. Die Bausubstanz in Centro Habana ist noch deutlich schlechter als die der Altstadt, obwohl die Häuser jünger sind, aber oft mit minderwertigem Beton gebaut wurden. In Centro Habana beten die Menschen bei jedem Wintersturm, dass der alte Palast oder das umgebaute Bürger- oder Lagerhaus durchhalten möge. Kubanische Architekten haben für diese Gebäude den Begriff *estática milagrosa* geprägt, »magische Statik«, ein schulterzuckendes Eingeständnis: Wir wissen auch nicht, wie diese Häuser sich noch aufrecht halten.

Die Menschen in Centro Habana sind illusionslose Überlebenskünstler; es verwundert nicht, dass ausgerechnet hier 1994 die einzigen Hungerunruhen ausbrachen, die Havanna je unter Castro erlebt hat. Die Polizei zeigt heute ständig Präsenz, aber sie hat es nicht leicht. Die meisten Häuser haben dicke schmiedeeiserne Gitter vor der Eingangstür, und der Anteil von kräftigen Männern mit Tätowierungen am Hals liegt hoch. Auch die Frauen hier wissen sich zu wehren; als ich in Centro Habana wohnte, habe ich erlebt, wie eine Frau nachts um drei in Lockenwicklern wutentbrannt hinter ihrem flüchtenden Partner (?) her auf die Straße stürmte, Küchenmesser in der Hand, und brüllte: »Ich werde dich umbringen und die Schlampe gleich dazu!«

In Centro Habana tobt das kommerzielle Leben des kubanischen Havannas, die Peso-Wirtschaft der neuen *cuentapropistas*, der staatlich zugelassenen Kleinunternehmer. 201 Tätigkeiten hat die Partei in der Wirtschaftsreform offiziell erlaubt, den Pizzabäcker natürlich und den Messerschleifer, den Feuerzeugauffüller und den Geburtstagsclown, Knopfannäher und Zeitungsverkäufer, Matratzenaufarbeiter und Schreiner und den Schlangesteher in der Bodega, jener staatlichen Verkaufsstelle für Lebensmittel der Grundversorgung: Wer will, kann sich tatsächlich dort in der Schlange von einem amtlich zugelassenen Schlangesteher vertreten lassen. Mehr als eine halbe Millionen Kubaner verfügen inzwischen über eine Lizenz für ein privates Geschäft. Und etliche haben auch schon ihre erste kapitalistische Lektion gelernt: Wer ein eigenes Geschäft betreibt, und sei es noch so klein, kann auch pleitegehen.

Dazu kommen die illegalen *corredores* der *bolita*, der Nummernlotterie, die seit der Revolution verboten ist und seitdem im Verborgenen blüht. Kubaner lieben die Zahlenmystik; »ihre« Gewinnnummern ziehen sie mit Vorliebe nach ihren nächtlichen Träumen. Jeder Figur, jedem Element eines Traums kann eine Zahl zugeordnet werden. Die Zuordnung ergibt nicht unbedingt Sinn, aber die meisten Kubaner kennen die wichtigsten Zahlen auswendig: Die Zahl 1 steht für »Pferd« (und, natürlich, für »Fidel Castro«). Die 9 steht für »Elefant«, aber auch »Zunge«, die 15 für »Hund«, aber auch »schönes Mädchen«. 22 ist der Frosch, 27 die Wespe, 37 die Hexe. 49: der Betrunkene. 50: der Polizist. Nahe beieinander liegen auch die Ehe (62) und der Mord (63). Und die aufgesetzten Hörner, der Messerstich und der Friedhof (66, 67 und 68). Die 91 steht für »Kommunist« (wer träumt von Kommunisten?); Havanna hat die Nummer 94, und ganz am Ende, auf der 100, steht das Automobil. Die *corredores* vergeben Quoten für jedes Spiel, gespielt wird mit den Nummern der venezolanischen Lotterie, die im Radio abgehört werden. Das Geschäft wird *cash* abgewickelt, und natürlich spielen auch die Blockwarte vom Nachbarschaftskomitee mit, wenn sie nicht sogar selbst als *corredor* arbeiten.

Tagsüber gehört Centro Habana den ambulanten Verkäufern, die mit ihren scheppernden Handkarren, den *carretillas*, durch die Straße ziehen und die Ware ausrufen. Manche *pregones*, wie die Ausrufe heißen, gleichen militärischen Befehlen (»Se compra cualquier pedacito de oro!« – »Jedes noch so kleine Stückchen Gold wird angekauft!«), andere melodischen Vogelstimmen (»flohohores … florerohoho!« – »Blumen! Der Blumenhändler ist da!«). Manche rufen einfach ihre Ware aus (»Aguacate! El buen aguacate!« – »Die gute Avocado!«), andere versprechen vollmundig: »Hay de todo!«, »Hier gibt's von allem etwas!« – auch wenn sie nur ein paar schrumpelige Tomaten und etwas Weißkohl auf dem Wagen übrig haben. Wer im Obergeschoss eines der Häuser wohnt, macht sich in der Regel nicht die Mühe, zum Einkaufen Treppen zu steigen. Stattdessen gibt es in jedem Haushalt einen Korb, der mithilfe einer langen Wäscheleine vom Balkon abgeseilt wird. Dorthinein legt der Verkäufer die Ware und der Kunde im Gegenzug das Geld.

Vorsichtiger und ohne *pregones* schleichen zwischen den *carretillas* die Verkäufer mit ihren Rucksäcken voll jener Waren, deren Verkauf streng verboten ist. Bei ihnen kann man Langustenschwänze für einen Dollar das Stück kaufen, ein absolutes Schnäppchen (dem man widerstehen sollte, weil die Langusten illegal gewildert wurden und diese Wilderei die Bestände bedroht). Oder sie bieten an, was in den staatlichen Läden gerade knapp oder ausgegangen ist: Mal ist es Zahnpasta, mal sind es Medikamente, mal Shampoo. Oder Fleisch, ein fettes Rindersteak, das die betrügerische Kellnerin eines gut gehenden Restaurants im BH aus dem Lokal geschmuggelt hat. Und dies ist keine erfundene Geschichte.

Die staatliche Verteilwirtschaft sorgt für komplett irrationale Engpässe; einmal war ich in der ganzen Stadt auf der Suche nach Kaffeebohnen, vergeblich. Im »Haus des Kaffees« in der Altstadt gab es zwanzig Sorten Rum, Zigarren in allen Formen und Größen, aber nur eine Sorte Kaffee, gemahlen. Frage an den Kellner in der Cafeteria auf der Galerie: »Habt ihr nicht vielleicht ein Päckchen ganze Bohnen zum Verkauf?« Nein, haben wir nicht, sagt der Kellner mit schlecht gespieltem Bedauern. Als ich mich zum Gehen wende, prescht ein Junge hinter dem Tresen hervor, vielleicht sechs, sieben Jahre alt, und ruft fröhlich gewitzt: »Klar hat er Kaffee in ganzen Bohnen! Er hat ihn da hinten, gut versteckt!«

Die Kaffeekrise verläuft in Havanna in einem eingespielten Zyklus: Wenn der Kaffee knapp zu werden droht, kaufen jene, die genug Geld haben, so viel wie möglich davon auf. Dann teilen sie das Gekaufte in kleine Päckchen auf, die sie im Anschluss auf der Straße mit satten Gewinnen weiterverkaufen. Das ist die Ironie des kubanischen Systems: Die Planwirtschaft hat einen permanenten Mangel geschaffen, in dessen Nischen ein gesunder, robuster, unausrottbarer Kapitalismus gedeiht.

Zu den wenigen touristischen Fixpunkten in Centro Habana zählt seit mehr als zwei Jahrzehnten »La Guarida«, eines der ersten und noch heute eines der besten Privatrestaurants der Stadt. Das Restaurant entstand aus einem Zufall heraus; 1993 drehte der geniale kubanische Filmregisseur Tomas Gutiérrez Alea seinen Film »Erdbeer und Schokolade«, ein Kinohit und einer der wichtigsten Filme der kubanischen Kinogeschichte, weil er zum Durchbruch der offenen Schwulenszene der Stadt führte. Ein Teil des Films spielte in der Wohnung von Enrique Núñez in der Calle Concordia 418, bei dem daraufhin immer wieder Touristen vor der Tür standen, um ein Stück Filmgeschichte in der Realität zu sehen. Zur gleichen Zeit begann die kubanische Regierung, die ersten spärlichen Genehmigungen für Privatrestaurants zu verteilen, und Enrique Núñez fing an, in seinem Wohnzimmer Essen zu servieren.

Die wenigsten *paladares*, wie die Privatrestaurants heißen, aus diesen ersten Jahren haben überlebt, aber Núñez bewies diplomatisches und kulinarisches Geschick. Lange Jahre passten nur ein Dutzend Gäste in das Restaurant (mehr waren damals nicht erlaubt), doch als die ausländischen Diplomaten das Lokal entdeckten und sogar die ersten Staatsgäste hier aufkreuzten (etwa der ehemalige amerikanische Präsident Jimmy Carter), begann Núñez das Restaurant vorsichtig zu erweitern. Nach und nach kaufte er alle Wohnungen auf seinem Stockwerk auf; inzwischen hat die Küche das Format und die Größe eines gut gehenden französischen Sternerestaurants. Vor der Tür parken Limousinen und manchmal moderne, klimatisierte Reisebusse, die amerikanische Touristen ankarren. Doch noch immer steigen die Gäste dieselben ausgetretenen Marmorstufen hinauf, vorbei am gemalten Porträt des Revolutionärs Camilo Cienfuegos auf der kubanischen Flagge. Unter dem abblätternden Deckenputz zeigt sich die Stahlarmierung. In der einstigen Wandelhalle des Bürgerpalastes im ersten Stock sind seit Jahrzehnten Wäscheleinen gespannt, auf denen sich fast immer Wäsche in der Meeresbrise wiegt, die durch die kaputten Fenster weht. Der Verfall ist echt und inszeniert zugleich: Núñez weiß, dass er an der malerisch maroden Ruine, die sein Restaurant beherbergt, nichts verändern darf. Inzwischen hat er aufs Dach eine grandiose Terrasse gebaut, an deren Ende ein überdimensionaler leerer weißer Bilderrahmen in den Himmel ragt. Ein Kunstprojekt: Weil der Rahmen den Touristen vor Augen führt, dass sie, während sie ihre Fünf-Dollar-

46

Mojitos schlürfen, die Armut um sich herum nur als pittoreske Fassade wahrnehmen. Oder, wie es die kubanische Frau eines Freundes sagt, die der Terrasse und ihrem Ausblick nichts abgewinnen mag: Warum soll ich mir den Ausblick auf dieses Elend antun?

El Vedado: Aufbruch in Kultur und Gastronomie

Kubaner mit Zugang zu Devisen weichen mehr und mehr in die Vorstädte aus, in den Cerro und nach Nuevo Vedado, wo gut erhaltene Villen aus den 1950er-Jahren bereits für eine Million Dollar den Besitzer wechseln – und das, obwohl Ausländer noch gar nicht dazu berechtigt sind, Immobilien in Kuba zu kaufen. Das meiste Geld stammt derzeit noch von Auslandskubanern, die mithilfe ihrer verbliebenen Verwandten den Immobilienmarkt der Hauptstadt fieberhaft nach den besten Gelegenheiten absuchen.

Am härtesten umkämpft aber dürfte in den kommenden Jahren der Immobilienmarkt im Vedado sein. Dort wohnen schon heute viele Familien mit Verbindungen ins Ausland, und es gibt eine Fülle von repräsentativen Häusern mit Garten in schattigen Straßen. Der Stadtteil liegt nah genug am Stadtzentrum und am Meer und weit genug weg von den Touristenbussen und der Misere und der Armut der Altstadt. Seit der wirtschaftlichen Öffnung etabliert sich im Vedado außerdem eine Gastronomieszene, die man auf diesem Niveau auf Kuba seit über fünfzig Jahren nicht gesehen hat.

Nicht alle der neuen Restaurants und Bars halten lange durch; am besten ist es ohnehin, sich bei jedem Besuch neu inspirieren zu lassen und sich durchzufragen, was gerade angesagt ist. Zu den herausragenden Neugründungen gehört derzeit das »El Litoral«, das mit die beste Küche in Havanna hat, direkt am Malecón nahe dem »Hotel Naciónal« gelegen (zwischen den Straßen K und L), mit fantastischem Blick aufs Meer. Die Küche ist international, auf der Karte stehen Tapas, frischer Fisch und Meeresfrüchte, dazu gibt es die beste Salatbar in ganz Havanna.

Nicht ganz leicht zu finden, aber wegen des guten Service und der herausragenden Küche bei Geschäftsleuten beliebt ist das »Starbien« (Calle 29 zwischen B und C). Das dreigängige Mittagsmenü – traditionelle kubanische Küche auf höchstem Niveau – für nicht einmal zehn Euro ist kaum zu überbieten. Wer rechtzeitig kommt, ergattert einen Platz auf der kleinen Terrasse (drinnen gibt es, typisch kubanisch, viel Kunstlicht und eine Klimaanlage auf voller Kraft) und kann die Qualität der olivgrünen Markisen bewundern: Sie sind aus robustem Uniformstoff genäht. Das Restaurant gehört nämlich dem Sohn des kubanischen Innenministers.

Die Tatsache, dass die Familie eines hohen Regierungsbeamten ein gut gehendes Restaurant betreibt, ist mehr als ein kurioses Detail. Denn die wirtschaftliche Öffnung Kubas weckt quer durch die kubanische Gesellschaft Begehrlichkeiten; und wer gute Kontakte zur Regierung pflegt, schafft es schneller, Genehmigungen und Baumaterialien zu bekommen. Die Nomenklatura bringt sich für den Kapitalismus in Stellung. Noch sind es nur wenige, die mit lukrativen Privatrestaurants die Sahne vom Tourismusboom abschöpfen. Doch seit jeher liegt das Geschäft mit den Urlaubern in Kuba in Händen des Militärs, das einige der wichtigsten Tourismusgesellschaften betreibt. Die Versuchung der Generäle (und ihrer Familien) dürfte groß sein, bei einer Privatisierung der Anlagen zur richtigen Zeit an der richtigen Stelle zu sein. So könnte aus dem sozialistischen Regime eine post-sozialistische Oligarchie erwachsen, die auch in einem kapitalistischen Kuba die Fäden in der Hand behält.

Trotzdem lohnt es sich, die Ceviche (das ist in Limetten-saft marinierter Fisch) im »Starbien« zu probieren: Es ist die beste, die ich in ganz Havanna gegessen habe.

Auch das Nachtleben hat sich in den vergangenen Jahren mehr und mehr aus Havannas Altstadt nach Vedado verlegt. Während in der Altstadt fast nur noch Touristen vor über-teuerten Mojitos hocken und warten, bis sie pünktlich um Mitternacht aus dem Lokal gescheucht werden, feiert die einheimische Jugend in Vedado die Nächte durch. In den Nischen, die sich durch die neuen wirtschaftlichen Frei-räume gebildet haben, etablieren sich Bars, die noch vor wenigen Jahren auf Kuba kaum vorstellbar gewesen wären. Zu einem Hotspot der kubanischen Filmszene hat sich zum Beispiel das »Café Madrigal« (Calle 17 zwischen 2 und 4) entwickelt, das der kubanische Filmemacher Rafael Rosales betreibt. Die Bar ist im ersten Obergeschoss eines Bürger-hauses gelegen, roh renoviert mit offenen Ziegelsteinwän-den und viel Kunst davor, in deren Studium man sich einen Abend lang verlieren kann. Das »Madrigal« könnte, samt Publikum, auch in Williamsburg in New York stehen; das Ambiente bietet die Atmosphäre eines Künstlercafés – etwas, was es im sozialistischen Kuba jahrzehntelang nicht gegeben hat. Nur der Service ist leider fast so lustlos wie in den staat-lichen Betrieben in der Altstadt.

Ruhiger, dafür viel persönlicher geht es in der »Bar Bohe-mio« zu, die der ehemalige Balletttänzer Michel Avalos an der Ecke Calle 21 und 14 in einer grandios renovierten Stadt-villa eröffnet hat. Dort lässt sich ein tropischer Abend ele-gant bei Tapas und einer Piña Colada oder nur bei einem alten Rum und einer guten Zigarre auf einer riesigen, das Haus halb umschließenden Terrasse vertändeln. Mondänen Trubel bietet dagegen die Dachterrasse des »El Cocinero« (Calle 26 zwischen 11 und 13), die über eine Leuchtturmwendeltreppe im Innern eines alten Fabrikgebäudes erreicht wird und dann einen faszinieren Ausblick auf das Panorama Vedados bietet. Die Terrasse hat den Charme alter Industrieanlagen, die Atmosphäre ist cool und die Musik passend modern. Die rund fünfzig Plätze sind fast immer besetzt, und ein Blick in die Runde zeigt, dass es inzwischen eine solide kubanische Mittelklasse gibt, die keine Scheu hat, Geld für einen Drei-Dollar-Mojito und ein paar Tapas auszugeben.

Direkt neben dem »El Cocinero« liegt die aufregendste Neuerung im Nachtleben von Vedado: die »Fábrica de Arte Cubano«, kurz FAC, ein unabhängiges Kulturzentrum, das 2014 seine Pforten öffnete und von dem Musiker X Alfonso betrieben wird. Die FAC hat in einer alten Olivenölfabrik Quartier bezogen, die jahrzehntelang stillstand (im Kamin lebte sogar eine Familie, die sich dort eine winzige Wohnstatt eingerichtet hatte). Die aufwendige Renovierung zog sich lange hin, jetzt bietet das riesige Gebäude eine Reihe von Veranstaltungssälen und einen smarten Anbau aus Containerteilen, in denen Bars eingerichtet sind, die Daiquirí anbieten und Wodka mit Energydrinks. Im Obergeschoss hat ein alter Filmsaal Platz gefunden, dort lief bei meinem jüngsten Besuch ein alter Charlie-Chaplin-Film, bevor eine Modenschau startete. Es gab Abendkleider eines kubanischen Schneiders zu sehen; die Mode war schrill, asymmetrisch, bunt, laut und dennoch elegant (wo auf Kuba könnte man so etwas tragen?). Die Models liefen durch ein Spalier an Smartphones und Tablet-Computern, und die Farben, die Musik, die Atmosphäre schienen erleichtert zu signalisieren: Endlich (!) gibt es so etwas auch auf Kuba.

Im großen Musiksaal spielte eine norwegische Band eine Mischung aus Südstaatenrock und Brit-Pop, und das Publikum tanzte eine Art Headbanger-Salsa. Nebenan in der Fotogalerie wurden Fotoinstallationen von Rodney Batista gezeigt, der Leichenteile aus der Pathologie zu Fashion-Shots arrangiert: mumifizierte Köpfe, in Abendgarderobe gehüllt. Etwas weiter eine Parade von nackten Frauenkörpern, jenseits aller Schönheitsideale, alt, jung, dick, dünn, mit kakaobrauner Haut und alabasterweiß; eine Arbeit des israelisch-kubanischen Multi-Künstlers (und Immobilienmagnaten) Enrique Rottenberg, einer der künstlerischen Köpfe der FAC. Die Nachfrage nach kubanischer Kunst ist enorm gestiegen. Auf der jüngsten Biennale schwärmten Kunsthändler aus den ganzen USA aus, um sich Zugriff auf den Markt zu sichern. Kubanische Künstler waren so lange vom Mainstream der globalisierten Kunst abgeschnitten, dass sie jetzt etwas zu bieten haben, was auf dem Markt heiß begehrt ist: Eigenständigkeit, eine eigene Sprache, eigene Themen.

X Alfonso, der Gründer der »Fábrica de Arte Cubano«, stammt aus einer kubanischen Musikerfamilie. Das Projekt in der alten Olivenölfabrik brauchte sieben Jahre Vorlauf; die meiste Zeit musste darauf verwendet werden, die Kulturbehörden zu überzeugen. Auch wegen seiner guten Verbindungen in die Kulturszene gelang X Alfonso ein Spagat, der bisher nicht möglich war: Marginalisierte Künstler stellen neben großen Namen aus, unbekannte Gruppen mit kritischen Texten finden eine Bühne, ohne von Kulturbürokraten behelligt zu werden. Das Publikum ist begeistert, auch, weil zwei Dollar Eintritt für die meisten erschwinglich sind. Draußen vor der Tür wartet noch eine Stunde nach Mitternacht eine lange Schlange von gut gelaunten jungen Kubanern auf Eintritt; drinnen mischen sich Partygänger mit Kulturinteressierten, Modefuzzis mit echten Künstlern. Ein geniales Konzept, das jeder Weltstadt gut zu Gesicht stünde.

Natürlich weckt ein so erfolgreiches Projekt mit limitiertem staatlichen Zugriff Misstrauen, und einige Monate nach der Öffnung agitierte ein Journalist der staatlichen Nachrichtenagentur AIN in einem kurzen Beitrag gegen die FAC, wetterte (mit gezielten Falschinformationen) über angeblich hohe Preise und die muskulösen Eingangskontrolleure. Derartige Kampagnen können in Kuba jedem ambitionierten Projekt binnen weniger Tage das Licht ausblasen. Doch im Fall der FAC ging ein Aufschrei durch die Kultur, mit drohendem Unterton: Lasst die Finger von unserem neuen Zuhause. Dennoch bleibt die Existenz des extravaganten Zentrums eine prekäre Angelegenheit.

Plaza de Armas, Hotel Nacional und El Morro: Die Ruhe-Oasen

Havanna kann eine anstrengende Stadt sein, zwar selten hektisch, aber heiß, laut und mit einer Luftqualität entlang der Verkehrsadern, die nicht nur den Atem raubt, sondern auch müde macht. Wer sich mehr als ein, zwei Tage in der Stadt aufhält, der sollte sich Ruhe-Oasen suchen. Das kann zum Beispiel die Plaza de Armas sein, der Platz am unteren Ende der Calle Obispo, der sich, obwohl eine der wichtigsten Touristenattraktionen, eine entspannte Atmosphäre erhalten hat. Dort, auf den Marmorbänken im Schatten der Bäume, lässt sich konsumfrei mit Leichtigkeit eine Nachmittagsstunde vertrödeln, während man den Tauben zuschaut und den vorbeischlurfenden Einheimischen.

Wer es gern etwas spektakulärer hat, der passt eher auf die Terrasse des »Hotel Nacional«, wo immer eine leichte Brise vom Meer her weht, die in den Palmen raschelt und die Nachmittagshitze bricht: kaum ein besserer Ort, um sein Reisetagebuch zu pflegen, bei einem doppelten Espresso oder einem eiskalten Daiquirí. In den tiefen, schweren Terrassenmöbeln fläzen sich zwar nur Ausländer; doch die welt-

52

läufige Atmosphäre des Hotels lässt nie ein Pauschaltouristengefühl aufkommen. Allerdings dürfte das Haus in Zukunft fest in amerikanischer Hand sein; in den USA steht das »Hotel Nacional« hoch im Kurs.

Einer der schönsten Plätze der Stadt am späten Nachmittag liegt aber am gegenüberliegenden Ufer der Bucht von Havanna. Wer will, kann mit dem Taxi dorthin fahren oder die kleine graue Fähre nehmen, die hinter den Kreuzfahrtschiffen, gegenüber der russisch-orthodoxen Kirche, ablegt und auf einem kurzen Weg durch die Bucht zum Weiler Casablanca tuckert. Von dort aus führt der Weg gut anderthalb Kilometer zum Castillo de los Tres Reyes del Morro an der Einfahrt der Bucht. Die Festung aus dem 16. Jahrhundert (der Leuchtturm stammt aus dem Jahr 1845) diente vor allem dazu, die Stadt vor Piratenangriffen zu schützen. Schließlich war Havanna ein wichtiger Hafen für die spanischen Raubzüge; fast alle Gold- und Silberschiffe machten auf ihrem Weg von Peru und Mexico zurück nach Spanien hier Station. Mit ihren drei Meter dicken Mauern galt »El Morro« mehr als ein Jahrhundert lang als uneinnehmbar, bis die Engländer 1762 das Gegenteil bewiesen. Ihre Regentschaft dauerte allerdings nur gut ein Jahr und hat in Havanna zum Glück weder architektonisch noch kulturell Spuren hinterlassen.

Als ich noch in Havanna lebte, behielt ich mir die Besuche auf El Morro immer für das vor, was ein Freund mal die »private Kubakrise« genannt hat: jenen Moment, in dem die Stadt einem über den Kopf wächst, das Arbeiten mit der zähen kubanischen Bürokratie unerträglich wird, wenn das Auto schon wieder mit gebrochenem Auspuff in der Werkstatt feststeckt, die Wohnung überschwemmt ist, die Bitte um Verlängerung des Arbeitsvisums seit Monaten ohne Antwort bleibt. Wenn ich einfach nur wegwollte aus Havanna, setzte ich mich also auf die dicken, warmen Festungsmauern von El Morro und ließ den Blick schweifen: über das weite Hafenbecken und die Altstadt, das grüne Band des Prado hoch zur strahlend weißen Kuppel des Kapitols, weiter zum Malecón, der in der Abendsonne strahlte und an dessen Ufermauern gierig mit weißen Schaumkronen das Meer leckte. Von hier oben sieht Havannas Altstadt aus wie ein riesiger Ozeandampfer, der gerade in See gestochen ist und optimistisch Kurs genommen hat in eine glänzende Zukunft.

Wer könnte dieser Stadt je den Rücken kehren?

Zigarren: Das Erbe der Taínos

Warum sind kubanische Zigarren so gut? Es liegt am Terroir. Und an den 300 Arbeitsschritten vom Tabaksamen bis zum fertigen »tabaco«.

Ein Wispern genügt, ein Lockruf. Die Sonne steht hoch über Havanna, wirft ein Gleißen auf die Stadt, und so ist der Absender der Botschaft im Schatten des Hauseingangs zunächst nicht auszumachen.

»Montecristo, Cohiba«, raunt die Stimme.

Als ich stehen bleibe und irritiert ins Dunkel starre, tritt ein muskulöser junger Mann in T-Shirt und Shorts auf die Straße, setzt die Sonnenbrille auf, sieht sich lässig um und sagt dann: »Good Price. Direkt aus der Fabrik.«

Wir sind nur ein paar Häuserblocks vom Partagás-Palast entfernt, der bekanntesten Zigarrenmanufaktur Kubas. Ich folge dem Wisperer durch den Hauseingang ins Innere. Die bunten Fliesen auf dem Boden zeugen vom Reichtum einstiger Kolonialherren, doch jetzt blättert nachlässig aufgetragene Farbe von den Wänden, und aus dem Sicherungskasten im Flur quillt ein schmutzstarrer Kabelverhau. Es riecht nach ungefegten Ecken und verkochten schwarzen Bohnen. Der junge Mann führt mich am Ende des schmalen Durchgangs in ein fensterloses Zimmer, in dem Neonlampen sur-

55

ren. Auf dem Sofa sitzt eine Frau mit langen braunen Beinen und Lockenwicklern im Haar; sie hebt den Blick nicht vom Display ihres Mobiltelefons, als wir eintreten. Neben ihr auf dem Sofa stapeln sich Holzkistchen. Die Aufdrucke auf den Kistchen versprechen dicke Churchills von Romeo y Julieta, feingliedrige Montecristo und sogar die neue Cohiba Behike, die pro Stück sagenhafte 45 Euro kosten soll.

Cohiba Behike? Die sind doch kaum zu kriegen.

»Die sind echt«, behauptet mein Gegenüber. »Mein Cousin arbeitet in der Fabrik.« Er zündet sich eine Filterlose an.

Und, ist die Behike so sagenhaft gut, wie alle behaupten?

»Ich rauche keine Zigarren«, sagt der Verkäufer, wenigstens das ist ehrlich. Vierzig kubanische Pesos soll die Kiste kosten, umgerechnet 25 Euro, doch die Behike sind garantiert gefälscht, trotz schillerndem Hologramm auf dem Etikett. Stattdessen nehme ich lieber zwei einzelne Churchills, ein stolzes Format, und verbleibe mit dem Muskelmann so, dass ich wiederkomme, falls die Zigarren gut sind. Unwirsch schiebt er die fünf Pesos in die Hosentasche, führt mich zurück durch den Flur und entlässt mich grußlos in die Mittagshitze Havannas.

Zurück in der Wohnung, in die ich mich eingemietet habe, bitte ich meine Vermieterin um ein Küchenmesser. Ich schneide der einen Zigarre die Spitze ab und zünde sie mit dem Gasfeuerzeug an, bis sie gleichmäßig brennt. Sie zieht gut, fast sogar zu gut, und schmeckt nach wenigen Minuten bereits ein wenig bitter. Um dem Problem auf den Grund zu gehen, begehe ich ein Sakrileg: Ich setze das Messer an der zweiten Zigarre an und schlitze sie der Länge nach auf. Als das Deckblatt unter der Messerklinge aufplatzt, fallen Tabakkrümel heraus, eingewickelt in zerschlissene Blätter. Die Zigarre wurde aus Abfällen zusammengerollt, in irgendeiner Hinterhofwerkstatt Havannas.

Rund 300 Arbeitsschritte sind notwendig, um eine echte Havanna-Zigarre zu fabrizieren. Alles muss komplett von Hand gemacht werden, kaum ein anderes Genussmittel verlangt eine so aufwendige Produktion. Trotzdem besteht zum Beispiel die große Zigarrenmarke Romeo y Julieta seit fast 150 Jahren. Sie hat einen Unabhängigkeitskrieg und amerikanische Besatzung überlebt, eine Revolution und sowjetische Berater, war Privateigentum und Volkseigentum. Noch heute ist jede fertige Churchill ein Sieg über die Unbilden des tropischen Klimas, über Treibstoffmangel, Republikflucht und allgegenwärtige Tabakdiebe.

Der Weg zu den Ursprüngen jeder echten Havanna führt ins Vuelta Abajo, jener Region im Westen Havannas, auf deren Feldern der wahrscheinlich beste Tabak der Welt wächst. Es ist eine Landschaft von biblischer Schönheit, mit weiten Tälern und buckligen Karstbergen, den *mogotes,* die im Morgennebel wie moosbewachsene Mammuts am Horizont vorüberzuziehen scheinen. Die Bauern bestellen ihre Felder hier mit dem Ochsenpflug, reiten aufrecht auf sattellosen Pferden, mit der Machete am Gürtel.

Als Fidel Castro in den 1960er-Jahren die Landwirtschaft verstaatlichte, ließ er die Felder der Tabakbauern unangetastet; die meisten sind noch immer in Familienbesitz. Staatsbetriebe taugen nicht zur Tabakpflege. Während das Zuckerrohr, der zweite Reichtum Kubas, wie Unkraut aus der Erde schießt, müssen die Tabakstauden einzeln gehegt und gepflegt werden, an baumwollenen Fäden gezogen, mit Gaze vor der Sonne geschützt. Um Tabak zu ziehen, sagen sie hier, musst du dich mit der Pflanze verheiraten.

Allerdings kontrolliert der Staat das Saatgut in eigenen Aufzuchtstationen. Die unscheinbaren Staatsfarmen sind nur durch einen Zaun geschützt; bei einem Besuch vor Jahren schüttete mir der diensthabende Ingenieur Mario Gil ein paar mikroskopisch kleine Samen auf die Hand und meinte: »Hier, damit kannst du in der Dominikanischen Republik viel Geld verdienen.« Es klang resigniert; Gil wusste, dass jede neue Sorte, die er hier heranzog, binnen kürzester Zeit auch bei den Konkurrenten landen wird.

Den entscheidenden Unterschied machen aber nicht die Pflanzen, sondern die Erde, das »Terroir«, wie Experten Boden und Mikroklima in Anlehnung an die Sprache der französischen Winzer nennen. Im Vuelta Abajo sind die Bedingungen eigentlich nicht ideal für die Tabakpflanze, das Klima ist trocken, der Boden sandig. Das macht die Hege umso schwieriger, zwingt die Pflanzen aber, tiefer zu wurzeln als gewöhnlich. Und in den tieferen Erdschichten erschließen sich die Mineralien, die den Blättern Struktur und Aroma geben.

Die Aussaat beginnt im September, nach dreißig Tagen werden die Setzlinge einzeln umgepflanzt. Haben sie Hurrikane und Winterstürme überstanden, wächst die Staude auf rund zwei Meter Höhe heran. Bereits hier unterscheiden die Bauern zwischen den Pflanzen, die später Deckblätter für die Zigarren ergeben, und den kräftigeren Füllblättern. Die Ernte zieht sich über anderthalb Monate hin: Denn statt, wie beim Zuckerrohr, einfach die Pflanze umzuschlagen, dürfen beim Tabak nur alle paar Tage zwei bis drei Blätter vorsichtig gepflückt werden. Diese Blätter werden gebündelt, in Trockenhäuser gehängt, dann dreißig Tage zur Fermentation gestapelt, dann erneut getrocknet. Am Ende sind die Blätter trocken, aber elastisch und von gleichmäßiger Farbe, wenn sie, in Palmblätter verpackt, nach Havanna verschickt werden. Sie sind dann schon durch Dutzende Hände gegangen, bevor die Produktion der Zigarre überhaupt begonnen hat.

Es ist nicht bekannt, auf welche Art die Taíno-Indianer ihren Tabak züchteten, doch sind sie wohl diejenigen, die das Rauchen erfunden haben. Als Christoph Kolumbus auf Kuba landete, sogen die Einheimischen Rauch aus zusammengerollten Blättern, die sie an einem Ende entzündet hatten. Sie rauchten bei religiösen Zeremonien, aber wohl auch aus Freude am Genuss. Kolumbus selbst schenkte dem keine Beachtung, doch der mitgereiste Rodrigo de Jerez brachte Tabak mit zurück nach Spanien. Als er dort zu rauchen begann, denunzierte ihn seine Frau bei der Inquisition: Wer konnte wohl einem Menschen die Gabe verleihen, Rauch zu spucken – wenn nicht der Teufel? Als Rodrigo de Jerez sieben Jahre später freikam, war Rauchen längst en vogue, und Tabak breitete sich in Europa und dann in der ganzen Welt aus.

Die Spanier ließen sich von den Taíno rasch in der Kunst der Tabakzucht unterweisen, bevor sie das Volk fast komplett durch Sklaverei, Seuchen und Hunger auslöschten. Im 18. Jahrhundert entstanden die ersten Zigarrenmanufakturen in Havanna, hundert Jahre später gab es 1217 davon auf ganz Kuba, davon allein 516 in Havanna, die für den Export produzierten. Aus dieser Zeit stammen einige der heute noch bekanntesten Marken, etwa die Partagás, die 1827 gegründet wurde, H. Upmann (1844) und Romeo y Julieta (1850). Schon damals wurden übrigens falsche Zigarren in Hinterhoffabriken gerollt – sogar das Fälscherhandwerk hat hier Tradition.

Heute sind in Havanna nur noch gut eine Handvoll Zigarrenmanufakturen übrig. Die größte ist La Corona nahe dem Platz der Revolution, ein gesichtsloser Industriebau; doch mit industrieller Produktion hat die Fertigung der Havannas nichts zu tun: *Totalmente a mano*, komplett von Hand, werden die Zigarren fabriziert. Hier in der Manufaktur werden die Ballen aus dem Vuelta Abajo angeliefert und entpackt, dann wird der Tabak sortiert und den gut 300 Drehern (die meisten sind Frauen) zugeteilt. Die Tabakmischung aus hellen und dunklen, leichten und starken, milden und würzigen Blättern ist für jede Marke individuell und streng gehütetes Geheimnis der staatlichen kubanischen Tabakbehörde. Die Varianten sind unzählig, allein für die Farbe der Deckblätter können geübte Sortiererinnen 64 verschiedene Farbtöne und Schattierungen unterscheiden.

Auf einem Podest über den Arbeitern ist ein weiterer Arbeitsplatz eingerichtet, einzigartig auf der Welt: ein Stuhl, ein Tisch, ein Mikrofon. Hier nimmt zur Morgenschicht der Vorleser Platz, um die Dreherinnen mit sonorer Stimme zu unterhalten. Vorgelesen werden Nachrichten aus der Tageszeitung *Granma*, aber auch Liebesromane und Weltliteratur: Der Roman »Paradies« des großen kubanischen Literaten José Lezama Lima bietet den Arbeiterinnen fünf Monate Unterhaltung. Die Tradition des Vorlesens ist mehr als hundert Jahre alt; Zigarrendreher galten stets als »Intellektuelle des Proletariats«. Auch deshalb waren sie im kubanischen Befreiungskrieg eine der Stützen des Widerstands gegen die spanischen Kolonialherren.

Die Arbeit der Dreherin, der *torcedora*, hat sich in über hundert Jahren nicht verändert. Ihre Werkzeuge sind ein Schneidebrett, das Messer zum Zuschneiden der Blätter und Fingerspitzengefühl. Jede Dreherin rollt aus Einlageblättern, Umblatt und Deckblatt pro Tag zwischen sechzig und 175 Zigarren, je nach Format.

In La Corona werden mehr als ein halbes Dutzend verschiedene Marken produziert. Hätte Fidel Castro sich durchgesetzt, wäre diese Vielfalt längst Geschichte. Nach der Revolution von 1959 wollte Castro alle Marken in einer einzigen »Volkszigarre« zusammenführen, merkte aber schnell, dass er auf die Devisen aus dem Export angewiesen war. Zudem war Castro selbst leidenschaftlicher Raucher. 1963 bekam er von seinem Leibwächter eine Zigarre geschenkt, die dessen Freund gerollt hatte und die Castro so gut schmeckte, dass er eine eigene Fabrik dafür gründen ließ. Zunächst waren diese »Cohibas« Diplomaten und befreundeten Staatsoberhäuptern vorbehalten; erst 1982 kamen sie in den freien Verkauf. Nicht allerdings in den USA, wo kubanische Zigarren wegen des Wirtschaftsembargos illegal sind. Kennedy wusste wohl, wem dieses Embargo Schmerzen zufügen würde: Bevor er 1962 seine Unterschrift unter das Gesetz zum Handelsverbot mit Kuba setzte, wies er seinen Sekretär Pierre Salinger an, binnen eines Tages mindestens tausend Petit Upmanns zu besorgen, die Kennedy dann im Weißen Haus bunkerte.

Über Jahre blieb die Produktion kubanischer Zigarren einigermaßen konstant, doch Ende der 1990er-Jahre setzte plötzlich ein Boom ein, dem die Produktionskapazitäten in Havanna nicht gewachsen waren. Hollywood entdeckte das Zigarrenrauchen, Filmstars wie Bruce Willis, Arnold Schwarzenegger und Sharon Stone zierten Titelbilder der Rauchermagazine, die dick wurden wie Versandhauskataloge. Zigarrenläden mussten Kunden mit leeren Händen wegschicken, bis Fidel Castro beschloss, die Produktion von nicht einmal hundert auf 300 Millionen Stück pro Jahr zu erhöhen. Die Manufakturen heuerten Personal von der Straße an, bildeten Dreherinnen in neunmonatigen Crashkursen aus. Die Läden waren wieder voll, doch jetzt konnte man sich an den Cohibas hohlwangig saugen, und die Kunden brachten die Zigarren freiwillig wieder zurück. Wutentbrannt.

Inzwischen ist der Boom abgeebbt, die Qualität besser als seit über zwanzig Jahren. Neue Märkte erschließen sich in China und Russland, überall sonst sind die Raucher auf dem

Rückzug. Trotzdem sind Sondereditionen echter Havannas schnell ausverkauft, wie guter Wein kann auch eine gut gelagerte Zigarre mit der Zeit Geschmacksnuancen zulegen. Auf Auktionen werden für solche Editionen bis zu 500 US-Dollar bezahlt – pro Zigarre.

So viel Geld muss niemand ausgeben für eine anständige Havanna. Enttäuscht vom bitteren Nachgeschmack der gefälschten Churchill lasse ich am nächsten Tag den Schwarzhändler im Hauseingang stehen, gehe ein paar Schritte weiter zum Laden der Partagás-Manufaktur und kaufe mir eine Por Larrañaga, eine der ältesten Marken Kubas, wenig bekannt und als Panetela eine würzige, kräftige Nachmittagszigarre. Ich setze mich in den Park gegenüber des kubanischen Capitols und nehme mir eine knappe Stunde Zeit für das Ritual des Rauchens. Zigarren sind die ideale Droge für Schreiber, befand der Schweizer Schriftsteller Hermann Burger: »Dieses allmähliche Sicheinnebeln, dieses Gestaltwerden in den Schwaden ist für mich das Urbild schöpferischer Tätigkeit.« Burger bekämpfte mit Zigarren seine Depression (und verlor, er nahm sich das Leben). Mark Twain, der mehr als zwanzig (!) Zigarren am Tag rauchte, hielt sie »für die ergiebigste Quelle nachhaltiger Erleuchtung«. All das kann eine Zigarre sein: im Kapitalismus ein Symbol für Macht und Wohlstand, die Belohnung des Siegers. Feministinnen missfiel sie als phallisches Symbol der Männerherrschaft. Diese Deutung wollte ausgerechnet der Vater der Psychoanalyse, der am Tag eine halbe Kiste leer paffte, nicht gelten lassen.

»Manchmal«, knurrte Sigmund Freud zwischen zwei Rauchschwaden, »ist eine Zigarre einfach nur eine Zigarre.«

Was man beim Kauf einer Zigarre wissen sollte

In den *Casas del Habano*, den Zigarrenläden, kosten einzelne Zigarren zwischen fünf und 25 CUC pro Stück. Billiger sind nur die mechanisch gestopften Shortfiller, für die man aber nicht nach Kuba zu fahren braucht. In schlecht geführten Zigarrenläden, und das sind in Havanna leider die meisten, liegt in den Kisten zum Einzelverkauf ein bunt gemischtes Sammelsurium, mit unterschiedlichen Deckblattfarben und teils bis zu drei Millimeter unterschiedlichen Längen: Davon lieber die Finger lassen. Bei meinem jüngsten Besuch habe ich in keinem der Zigarrenläden in Habana Vieja gekauft, einfach weil die Qualität so erratisch war. Einzige Ausnahme: Die *Casa del Habano* im Hotel »Conde de Villanueva« (Calle Mercaderes zwischen Lamparilla und Amargura), die seit der Eröffnung konstant zu den besten Zigarrenshops in Havanna gehört.

Worauf sollte man achten? Deckblätter von Premium-Longfillern sind glatt und seidig und nicht unregelmäßig und von dicken Strünken durchzogen. Wer eine Kiste kauft: Richtig geschulte Verkäufer haben kein Problem damit, wenn der Kunde die Kiste vor dem Kauf öffnen will, um die Qualität der Zigarren zu begutachten. Zigarren in einer Kiste haben Deckblätter ähnlicher Färbung und sind von hell nach dunkel sortiert wie Malstifte in einer neuen Packung. Die Länge ist bei allen Zigarren eines Typs gleich. Der Anschnitt ist glatt und sauber, nicht ausgefranst und unregelmäßig. Die Ringe sitzen alle an exakt derselben Stelle und zeigen alle mit dem Bild nach oben.

Wer Zigarren auf der Straße kauft, muss wissen: Egal, was der Verkäufer erzählt, sei es, dass er, sein Cousin oder seine Mutter in der Fabrik arbeiteten – Cohibas von der Straße sind nie echte Cohibas. Es können dennoch gute Zigarren sein, aber auch grottenschlechtes Kraut, das nicht einmal an die Qualität der Bodega-Zigarren heranreicht, die die Kubaner selbst zugeteilt bekommen (rauchbar, aber kein Erlebnis).

Wer auf der Straße angesprochen wird und Interesse zeigt, wird in der Regel weitergereicht. Der »Anwerber« ist nur der mit der größten Klappe und mit dem touristenfreundlichsten Aussehen. Die eigentlichen Verkäufer/Ladenbesitzer sind oft Frauen. Meist wird man von ihnen dann in irgendeinen dunklen Treppenaufgang geleitet, der zu einem fensterlosen Wohnzimmer führt. Das ist an sich kein Grund zur Sorge; Zigarren-Schwarzmarkthändler haben ein funktionierendes Geschäftsmodell und kein Interesse daran, ihre Kunden auszurauben. Trotzdem lohnt es sich immer, seinem Instinkt zu trauen. Wenn es sich nicht gut anfühlt, ist es besser, einfach auf dem Absatz kehrtzumachen.

Im Wohnzimmer präsentiert die Verkäuferin dann ihre Ware. Wenn dort Cohibas in Glasdeckelkisten angeboten werden, ist das kein gutes Zeichen. Egal, was die Verkäufer erzählen: Es hat noch nie Cohibas in Glasdeckelkisten gegeben, und wird es nie. Allerdings sind die Glasdeckelkisten bei Touristen aus irgendwelchen Gründen beliebt, weshalb sie auf dem Schwarzmarkt florieren.

Wer sich zum Kauf entschließt, sollte darauf bestehen, die Ware zu begutachten. Auch hier gilt: sauberer Anschnitt, feine Deckblätter, farbliche Sortierung. Darauf achten, dass auch die untere Lage in einer Kiste wirklich aus Zigarren besteht – und nicht nur aus Zeitungspapier. Nicht drängen lassen. Wenn sich die Zigarre zwischen Daumen und Zeigefinger auf die Hälfte ihrer Dicke zusammendrücken lässt: Finger weg.

Eine Kiste kostet in Havanna rund vierzig CUC, in den Provinzen weniger. Die Verkäufer werden immer versuchen, höher einzusteigen, sind aber verhandlungsbereit. Durch den Zustrom ahnungsloser, aber zahlungskräftiger Touristen aus den USA (wo kubanische Zigarren seit über fünfzig Jahren verboten sind) dürften die Preise auch auf dem Schwarzmarkt noch einmal kräftig steigen.

Im Flughafen werden bei der Ausreise alle Koffer durchleuchtet. Wer versucht, mehr als zwei Kisten gefälschter Zigarren außer Landes zu schmuggeln, läuft Gefahr, das gesamte Material bei der Ausreise zu verlieren. Auch hier gilt: Egal, was der Verkäufer erzählt – das Siegel auf der Kiste ist sowieso gefälscht, das erkennen die Zöllner. Entscheidend ist zudem der Kaufbeleg des Zigarrenladens; wer den nicht vorweisen kann, dem nützen auch die Siegel nichts.

Wer will, kann in Havanna auch eine Zigarrenfabrik besuchen; zum Beispiel die Partagás-Fabrik, die seit der Schließung des historischen Gebäudes (dort soll, irgendwann mal, ein Zigarrenmuseum einziehen – heißt es) in die Calle San Carlos umgezogen ist (Ecke Peñalver in Centro Habana). Der Besuch muss vorher in einem Touristenbüro in einem der großen Hotels in der Altstadt gebucht werden. Viel gibt es für die zehn CUC Eintritt nicht zu sehen, aber immerhin bekommt der Besucher einen Eindruck davon, dass Zigarrendrehen harte Arbeit ist, weniger beschaulich jedenfalls als die Bilder der Touristenwerbung glauben machen wollen.

Die Hitze im großen Raum, in dem mehr als hundert Dreherinnen sitzen, ist beträchtlich. Eine junge *torcedora* hört David Guetta auf dem Smartphone, um den Lärm um sich herum auszublenden. Die Touristenführerin, lange braune Haare, tiefe Blicke, verführerisch, spielt kokett mit den Männern in der Gruppe, inszeniert eine rasche spirituelle *Santería*-Reinigung, indem sie einen amerikanischen Touristen mit Zigarrenrauch einnebelt und dabei die Augen verdreht. Der Amerikaner ist hin und weg. Am Ende der Führung bittet sie mich in den dunklen Raum, in dem die Taschen der Besucher aufbewahrt werden.

»Willst du fünf Zigarren kaufen?«, fragt sie.

»Klar, was sollen die kosten?«

»Vierzig.«

»VIERZIG?«, frage ich erstaunt.

»Pssst!«, zischt sie zurück. Und flüstert: »Das sind die neuen, die besten Cohiba, die Behike.«

»BEHIKE!«, sage ich begeistert.

»PSSST!«, zischt sie erneut und flüstert: »Wie viel willst du bezahlen?«

»Zwanzig«, flüstere ich, und sie wickelt mir fünf exzellente, hervorragend gedrehte Behike in eine Seite der Parteizeitung und weist mich an, das Paket in der Tasche verschwinden zu lassen.

So komme ich am Ende doch noch zu meinen Behike.

Natur: Reichtum der Berge und der See

Nur wenige wissen um die Vielfalt in Kubas Naturparadiesen: Hier leben mehr einzigartige Tier- und Pflanzenarten als auf den Galápagos-Inseln.

Der Blick von der Terrasse des Hotels »Los Jazmines« öffnet einem das Herz, so weit das Auge reicht, schaut man auf einen der spektakulärsten Naturräume der Karibik. Am Horizont reihen sich Mogoten auf, knubbelige Karstfelsen, die wie zottelige, bucklige Riesenwesen eng aneinandergedrängt grasend über die Ebene ziehen. Davor, im Viñales-Tal, leuchtet fette rotbraune Erde in der Morgensonne. Hier, nur zwei Stunden westlich von Havanna gelegen, wächst der beste Tabak der Welt. Zwischen den Feldern ragen Königspalmen in die Höhe, unter denen sich *bohios* ducken, jene schlichten Palmstrohhütten der Einheimischen, die auf wundersame Weise oft auch Hurrikane überstehen. Es ist eine Landschaft, die den Betrachter im Innersten rührt – von der Anhöhe aus erscheint es einem wie ein pastorales Idyll, eine Urlandschaft, aus der wir Menschen ausgezogen sind auf unserem Weg in die Moderne. Im Gebirge dahinter, der Sierra de los Órganos, haben unterirdische Flüsse im Innern der Berge das ausgedehnteste Höhlensystem Lateinamerikas gegraben, mit mehr als fünfzig Kilometern kartierten Höh-

67 |

len. Auf den Bergen und dazwischen wachsen einzigartige Pflanzen, die man nur hier findet: Zwergpalmfarne, eine Art, die so selten ist, dass jede Pflanze eine Registriernummer am Stamm trägt, damit keine verloren geht.

Der beste Tabak, die größte Höhle, einzigartige Pflanzen: Wer die Natur Kubas beschreibt, kommt um Superlative nicht herum. Das ging schon dem ersten Europäer nicht anders, als er Kuba zum ersten Mal betrat. Vor mehr als 500 Jahren landete Christoph Kolumbus an Kubas Küste (auch wenn er glaubte, er sei in Asien angekommen). Am 28. Oktober 1492 schrieb er mit großäugiger Faszination in sein Logbuch: »Die beiderseitigen Flussufer waren von blühenden, grün umrankten Bäumen eingesäumt«, die ganz anders aussahen als die im heimischen Spanien und auf denen Vögel saßen, deren süßer Gesang die Luft erfüllte. Kurz: »Kein Auge hat je einen schöneren Ort erblickt.«

Für die Entwicklung Kubas zu einem spektakulären Naturraum gibt es zwei Gründe: ein paradiesisch fruchtbares Klima – und eine Millionen Jahre während Wanderung der Insel auf ihrem Weg ostwärts. Denn ursprünglich lag Kuba im Pazifischen Ozean, deutlich südlicher als heute und jenseits dessen, was heute Panama und Mittelamerika ausmacht. Erst vor rund hundert Millionen Jahren begann die Insel auf ihrer Erdplatte aus dem Pazifik in die Karibik zu driften, blieb dabei aber immer isoliert. Das bedeutet, dass sich das Leben auf Kuba in den Jahrmillionen auf ganz eigene Weise entwickelt hat: Kuba verfügt über eine in der Karibik einzigartige Artenvielfalt. Mehr als die Hälfte aller Pflanzen auf der Insel sind endemisch; es gibt 3000 Pflanzenarten, die nur hier auf Kuba zu finden sind. Bei Reptilien und Amphibien liegt die Rate an endemischen Arten sogar bei achtzig Prozent. Das sind mehr endemische Spezies als zum Beispiel auf den Galápagos-Inseln.

Wer sich ein Bild machen will von diesem überbordenden Reichtum an Natur, sollte in den Osten der Insel reisen, etwa dorthin, wo Christoph Kolumbus vor gut 500 Jahren zum ersten Mal anlegte. Im Gebirgszug Sagua-Baracoa liegt dort der Alexander-von-Humboldt-Nationalpark, ein Schutzgebiet, das von Mangroven an den Küsten über Regenwälder bis zum 1168 Meter hohen Gipfel des Pico del Toldo reicht. Bereits in den 1960er-Jahren wurden erste Teile des Gebiets unter Schutz gestellt, 1996 wurde schließlich der Nationalpark eingerichtet, der seit 2001 zum UNESCO-Naturerbe der Menschheit gehört. Neunzig Prozent (!) des Gebiets sind schwer zugänglich und gelten als nahezu unberührt. Der Park ist nicht groß, etwa so groß wie das Gebiet des Stadtstaates Hamburg, aber er bildet eine der größten zusammenhängenden Flächen tropischen Regenwalds in der Karibik. Immer wieder werden hier bis dato unbekannte Tierarten entdeckt, wie 1996 das Monte-Iberia-Fröschchen, mit gerade mal zehn Millimetern Körperlänge eine der kleinsten Froscharten der Welt. Das Weibchen dieser winzigen Pfeilgiftfrösche legt nur ein einziges Ei ab, und Biologen vermuten, dass das Weibchen dieses Ei sogar bewacht. So genau weiß man das noch gar nicht.

Alexander von Humboldt hatte Kuba auf seiner Südamerikareise in den Jahren 1800 und 1804 besucht. Der deutsche Universalgelehrte studierte die Tier- und Pflanzenwelt und Geologie der Insel und wird als »zweiter Entdecker Kubas« hoch geschätzt. Wie wichtig der Humboldt-Nationalpark heute für die Natur auf Kuba ist, ergibt sich aus der Tatsache, dass wegen des kleinen Lebensraums fast alle endemischen Arten als vom Aussterben bedroht gelten. Zum Beispiel der kubanische Schlitzrüssler (das Almiquí), eine Art Riesenspitzmaus mit bis zu vierzig Zentimeter Länge, die vor Jahrmillionen als frühes Säugetier den gesamten amerikanischen Kontinent besiedelte. Mitte des vorigen Jahrhunderts galt das Almiquí bereits als ausgestorben, bis vereinzelt doch wieder Tiere gesichtet wurden – zuletzt sieben Exemplare im Nationalpark.

Vor allem aber bietet der Nationalpark für die kubanische Vogelwelt einen überlebenswichtigen Rückzugsraum. Hier lebt der Zunzun, zu Deutsch poetisch »Bienenelfe«, der kleinste Vogel der Welt, eine Kolibriart, die vom langen Schnabel bis zum Schwanz kaum fünf Zentimeter misst und erwachsen nur 1,8 Gramm auf die Waage bringt – weniger als eine Straußenfeder. Hier jagt die Schneckenweihe, ein habichtartiger Raubvogel, von dem es wahrscheinlich nur noch rund 250 Tiere gibt, hier knattert der Ruf der Kuba-Amazone, eine Papageienart. Und natürlich flattert hier auch der Tocororo, der Kubatrogon, Kubas Nationalvogel, dessen Gefieder in den Farben Rot-Blau-Weiß der kubanischen Flagge leuchtet.

Das wilde Grün des Humboldt-Parks ist ein Überbleibsel der endlosen Wälder, die einst die ganze Insel bedeckten. Man könne, schrieb der Dominikanerpater Bartolomé de las Casas im 16. Jahrhundert, in Kuba von einem Ende zum anderen wandern, ohne den Schatten der Bäume zu verlassen. Das war keine Übertreibung: Als Christoph Kolumbus anlandete, waren neunzig Prozent der Insel von Wald bedeckt. Doch die Europäer taten, was sie zuvor schon in Europa getan hatten: Sie holzten radikal ab; um Schiffe zu bauen, um Platz zu schaffen für Landwirtschaft und Zuckerrohrplantagen. Kuba war im unerbittlichen Griff der Extraktionswirtschaft; ausländische Konzerne beuteten das Land aus, versuchten, so viel wie möglich herauszuholen, und hatten kein Interesse daran, die Natur oder den Lebensraum der einheimischen Landbevölkerung zu schützen.

Am Ende blieben nur noch vierzehn Prozent Waldfläche übrig. Noch heute gleichen weite Teile im Landesinnern grüner Steppe, endlose Zuckerrohrfelder neben Rinderweiden. In Jahren mit wenig Regen trocknen ganze Landstriche aus.

Wahrscheinlich wären auch die restlichen Wälder noch abgeholzt worden, hätten nicht 1959 die Rebellen um Fidel Castro die Macht übernommen. Als Erstes warfen sie die ausländischen Betriebe aus dem Land, die United Fruit Company zum Beispiel, die so viel Natur für den Zuckerrohranbau zugrunde gerichtet hatte. Dann begannen die Revolutionäre, die Insel wiederaufzuforsten, ließen Brigaden ausschwärmen, um Millionen Bäume zu pflanzen. Das Engagement der Revolutionsregierung geht zum großen Teil auf Guillermo García Frías zurück, einen der fünf ursprünglichen *comandantes* der Revolution. García Frías drängte früh darauf, dass die Universitäten sich um die Erforschung der kubanischen Natur kümmerten und dass der Naturschutz in der Wissenschaft eine wichtige Rolle spielte. »Kuba hat die beste intellektuelle Infrastruktur zum Schutz der Umwelt in der gesamten Karibik«, sagt die Amerikanerin Mary Pearl, Präsidentin des Wildlife Trust in New York. Das liegt auch daran, dass die Studenten viel Feldforschung betreiben und dabei auch die betroffene Bevölkerung in und um die Schutzgebiete für die Belange des Naturschutzes sensibilisieren. »Das hat zu einem hohen Umweltbewusstsein geführt, obwohl es dem Land wirtschaftlich nicht besonders gut geht.«

Dank der großflächigen Aufforstung gehört Kuba zu den wenigen Ländern auf der Welt, deren Waldfläche sich in den vergangenen Jahrzehnten deutlich vergrößert hat, von vierzehn auf 21 Prozent. Nach und nach wurden Biosphärenreservate ausgewiesen, Nationalparks, Schutzgebiete für die

Natur. Heute steht mehr als ein Fünftel (22 Prozent) der Fläche Kubas unter Naturschutz; in Deutschland ist es weniger als ein Fünfundzwanzigstel (3,8 Prozent).

Nur so konnte zum Beispiel auch das Kubakrokodil überleben, eine relativ kleine, aber extrem aggressive Art, die in den Sümpfen der Zapata-Halbinsel einen Rückzugsraum gefunden hat. Rund 3000 Tiere sollen dort noch leben. Das Kubakrokodil gilt als gefährlichste Krokodilart der Welt, die Tiere sind ungewöhnlich intelligent und können, so vermuten Biologen, sogar in Rudeln jagen. Filmaufnahmen zeigen Krokodile, die fast senkrecht aus dem Wasser schnellen und sich an Ästen von Bäumen festbeißen, um die darauf sitzenden Hutia-Baumratten (auch das eine endemische Art) herunterzuschütteln. Während das Amerikanische Krokodil in den Sümpfen Floridas durch intensive Landwirtschaft und Trockenlegung immer weiter zurückgedrängt wird, haben sich die Bestände der kubanischen Variante erholt. Die Krokodile (die praktisch nie ein Urlauber zu Gesicht bekommt) sind übrigens, neben den potenziell Krankheiten übertragenden Moskitos, die einzigen Tiere auf Kuba, die Menschen gefährlich werden können. Denn anders als in Zentralamerika gibt es auf Kuba keine giftigen Schlangen oder Spinnen. Die Pfeilgiftfrösche sind zu klein oder zu harmlos, um Schaden zuzufügen, und nicht einmal die bis zu sechs Meter lange kubanische Boa, eine kräftige Würgeschlange, wagt sich an Menschen heran: Sie frisst lieber Fledermäuse und Baumratten.

Das Juwel der kubanischen Natur aber liegt nicht auf der Insel – sondern davor. In den Gewässern vor der Südküste der Insel wachsen im Meer seit Jahrtausenden Korallenriffe, die in einem so ursprünglichen Zustand erhalten sind, dass Meeresforscher ins Schwärmen geraten. David Guggenheim von der Forschungsorganisation »Ocean Doctor« sagt, »eine so große Artenvielfalt wie hier habe ich noch nie gesehen. Es gibt in der gesamten Karibik kein Riff, dass auch nur annähernd so gut erhalten wäre wie dieses hier.« Die Jardines de la Reina (Gärten der Königin) stehen seit Jahrzehnten unter Schutz. Und während in der gesamten Karibik Fischflotten die Meere leer geplündert haben, überleben hier Riesenzackenbarsche mit einem Gewicht von 300 Kilo. In den Riffen lässt sich eine pure Masse an Fisch messen, die sechsmal höher liegt als vor Florida oder Mexiko, wo der Raubbau die Korallenbauten längst in biologisches Ödland verwandelt hat. Ein Tauchgang in den Jardines de la Reina ist, sagt David Guggenheim, eine Reise zurück in eine Zeit, als das Meer noch voller Fische war, die Korallenriffe der Karibik von bunt schillernden Schwärmen leuchteten. Auch hier gibt es Anzeichen der Korallenbleiche, der aufgrund der Erwärmung der Ozeane weltweit bereits viele Riffe zum Opfer gefallen sind. Doch hier sind die Korallen offenbar in der Lage, sich binnen weniger Monate zu erholen – Widerstandskraft eines intakten Naturraums.

Geschützt werden die Riffe der »Gärten der Königin« von starken Gesetzen und einer fähigen Umweltpolizei, die dafür sorgt, dass die Fischer nicht in die Schutzgebiete eindringen. Die Order dafür kam ursprünglich von ganz oben. Fidel Castro, selbst ein begeisterter Taucher, ließ sich bei einem Tauchgang in den 1960er-Jahren davon überzeugen, dass die Riffe den höchsten Schutzstatus wert sind. Tourismus findet hier auch heute nur in homöopathischen Dosierungen statt: Ein einziges schwimmendes Resort steht immer nur einer Handvoll zahlungskräftiger Touristen zur Verfügung. Auch in anderen Schutzgebieten gelingt es den kubanischen Tourismusbehörden erstaunlich gut, den Zustrom in engen Grenzen zu halten. Die meisten der *cayos*, der vorgelagerten

73 |

Inselchen, sind den Schildkröten und Flamingos vorbehalten, lediglich auf einzelnen gibt es kleine, ökologisch relativ verträgliche Hotelanlagen wie auf Cayo Levisa im Westen Havannas. Auch im Humboldt-Naturpark kann nur ein kleiner Teil von dem Städtchen Baracoa aus erwandert werden; der größte Teil bleibt Sperrgebiet.

Die große Herausforderung aber wird für die kubanischen Behörden darin bestehen, den Schutz auch noch aufrechtzuerhalten, wenn einmal Hunderttausende zahlungskräftige US-Amerikaner auf die Insel strömen und zum Beispiel in den Jardines de la Reina Riffe sehen wollen, die es in ihrer Heimat so schon längst nicht mehr gibt. »Wenn Kuba mehr und mehr zu einem Touristenparadies wird, möchten wir nicht, dass dieselben Fehler begangen werden wie in den USA, wo wir es geschafft haben, die schönsten Flecken zu Tode zu lieben«, sagt Oliver Houck, Professor für Umweltrecht an der amerikanischen Tulane University – wie zum Beispiel in Florida, wo viel zu viele Menschen ein fragiles Ökosystem überfluteten. Die kubanischen Gesetze seien zwar im Prinzip stark und tragfähig, sagt Houck, der die kubanische Regierung bei der Formulierung der Gesetze unterstützt hat, »aber wenn wir eine Invasion von US-amerikanischer Massenkonsumkultur erleben, könnte diese wie ein Bulldozer diese Gesetze platt walzen«.

Aber wer weiß, vielleicht gelingt es ja ausgerechnet auf Kuba, die Balance zu halten zwischen nachhaltigem Tourismus und effektivem Umweltschutz. Je stärker die Natur auf Jamaika, in der Dominikanischen Republik, in Mexiko und Florida niedergetrampelt wird von den Massen an Pauschaltouristen, je mehr Küste dort in Beton gegossen wird – umso mehr wird den Kubanern vielleicht bewusst, dass sie mit ihrer »Zeitkapsel« über einen wertvollen Naturschatz verfügen, den es sich lohnt zu bewahren.

So wie ganz am Ende Kubas, im äußersten Westen. Dort liegt die Halbinsel Guanahacabibes, seit 1987 ein Biosphärenreservat der Vereinten Nationen. Außer ein paar Vogelfreunden auf der Suche nach der Bienenelfe und ein paar Tauchern, die das kleine Hotel in Playa María la Gorda suchen, verirren sich kaum Urlauber in diese Gegend. Doch die endlosen Strände der Halbinsel sind, ökologisch gesehen, von unschätzbarem Wert, weil dort vier der sieben noch verbliebenen Arten von Meeresschildkröten ankommen, um ihre Eier im Sand abzulegen. Zum Schutz der Eier hält dort ein einsamer staatlich bestellter Naturpark-Ranger Wacht, der, nur mit einer Taschenlampe und seiner Überzeugung bewaffnet, versuchen muss, die Einheimischen davon abzuhalten, die delikaten Eier aus den Sandnestern der Schildkröten zu stehlen. Oder gleich die ganzen Schildkröten zu essen. »Wir kommen aus Havanna und erzählen den Leuten: ›Esst keine Schildkröten, es sind nicht mehr viele übrig‹«, erzählte der Schildkrötenwächter einmal einem Reporter. »Und was antworten die Leute? ›Von uns auch nicht.‹ Es ist nicht leicht, in einem armen Land Umweltschutz zu betreiben.«

Doch Kuba beweist, dass es geht: Noch immer landen die großen Karrettschildkröten an den Stränden von Guanahacabibes an, robben mühsam den Strand hoch, graben mit ihren flossenartigen Beinen in Zeitlupe ein Loch in den Sand, um darin ihre Eier abzulegen, aus denen zwei Monate später kleine Schildkröten schlüpfen werden, die in höchster Eile ins Meer wuseln, bevor die Vögel sie erwischen können.

Es gibt also noch Hoffnung.

Rikimbili: Kubanisches Recycling

Wie überlebt man in einem Land, in dem es nichts gibt und niemand Geld hat? Ganz einfach: Not macht erfinderisch.

Die sowjetische Waschmaschine, das war die Keimzelle des kubanischen Erfindergeistes. Die Aurika war ein zentnerschweres Monstrum, hellblau, eckig, ein Toplader mit integrierter Trockenschleuder. Doch vor allem war sie eine Herausforderung, die Dinge neu zu denken. Schon als die ersten Exemplare aus der Sowjetunion auf der Insel ausgeliefert wurden, fiel den Besitzern die breite, silbern glänzende Zierleiste am oberen Rand auf. Eine Zierleiste, was für eine Verschwendung! Zum Glück ließ sie sich problemlos an einem Stück ablösen. Mithilfe eines heißen Nagels ließen sich Löcher hineinstechen, und mit einer alten Gürtelschnalle wurde im Nu ein neuer, topmodischer Gürtel daraus. Es gab Zeiten, da hatte in Kuba jeder so einen Gürtel im Haus.

Die zentrale Rationierung und Verteilung aller Güter führten dazu, dass bei allen dieselben Geräte im Haus standen. Das hatte durchaus seine Vorteile: Ging etwas kaputt, fand sich immer jemand, der wusste, wie sich das wieder instand setzen ließ.

Auch die Aurika-Waschmaschine hatte ihre Macken. Die Trockenschleuder gab immer zuerst den Geist auf, aber in Kuba, wo tropffeuchte Wäsche in einer Stunde auf der Leine trocknet, braucht sowieso niemand eine Trockenschleuder. Und außerdem war die Aurika ohnehin viel zu sperrig. Weshalb es findige Schrauber gab, die das Gerät in zwei Teile sägten, um Platz zu sparen. Und weil sehr viele Kubaner fanden, dass die Aurika zu breit war, gab es bald in jedem Ort einen Waschmaschinenverkleinerer, der darauf spezialisiert war, die Aurika zu zerschneiden und neu zu verkleiden. Am Ende der Operation war die Schleuder übrig, aber das war ein Segen: Die rostfreie Schleudertrommel mit den Drainagelöchern erwies sich als der perfekte Pflanztopf für die Malanga, ein Aronstabgewächs, das schwer zu ziehen ist, aber eine wichtige Sättigungsbeilage fürs kubanische Abendessen produziert. Viel wichtiger aber war der Motor der Schleuder, ein kräftiger Elektromotor mit 110-Volt-Anschluss, aus dem sich, mit etwas Geschick und einer alten Bootsschraube, ein unermüdlicher Ventilator bauen ließ. Dessen einziger Nachteil war, dass man ihn irgendwo festschrauben musste, sonst wanderte er vibrierend und summend durchs ganze Haus.

Aber das war noch nicht alles, was sich aus der Aurika gewinnen ließ. Der Deckel der Waschmaschine hatte eine perfekte Größe (und die nötige Stärke) für die schweren Geburtstagskuchen, die in Kuba von privaten Bäckern mit viel Liebe und noch mehr Zuckerguss gestaltet werden. Wer einen solchen *cake* bestellte, brachte am besten den Waschmaschinendeckel gleich mit.

Der entscheidende Nachteil der Aurika war eher medizinischer Natur: Sie neigte dazu, ihre Benutzer mit Stromschlägen zu malträtieren. Das war, so erzählt ein Arzt, für die medizinische Nachsorge bei orthopädischen Diagnosen ein echtes Problem: »Eigentlich verschreiben wir dafür immer Hydrotherapie, aber natürlich hat in Kuba niemand so ein modernes Hydrotherapiegerät zu Hause. Macht nichts, sagen wir den Patienten, füll deine Waschmaschine mit warmem Wasser, steck den Fuß hinein und schalte sie ein, das tut genauso gut. Aber halt! Hast du eine Aurika zu Hause? Vergiss es, das Risiko eines Stromschlags ist viel zu groß!«

Im 21. Jahrhundert wurden die meisten sowjetischen Waschmaschinen auf Kuba ausgemustert, obwohl einige seit mehr als 25 Jahren immer noch Dienst tun. Aber auch wenn längst die nun üblichen neuen, weißen Plastikwaschmaschinen Einzug gehalten haben (die weit weniger ergiebig in der Ausbeute sind), gibt es doch in vielen Haushalten noch ein Andenken an die Aurika: die Wasserpumpe, die heute dazu dient, Wasser aus der Leitung in die Reservetanks zu pumpen.

Es gibt zwei Wörter im kubanischen Sprachgebrauch, die prägend waren für das Leben einer ganzen Generation. *Resolver* und *inventar* bedeutet in der direkten Übersetzung »lösen« und »erfinden«. Doch in Kuba stehen diese Vokabeln für die Herausforderung, den Alltag zu meistern. Einen Alltag, in dem ständig etwas kaputtgeht, das dringend gebraucht wird, aber nicht ersetzt werden kann. In dem es keine Ersatzteile oder das Gewünschte überhaupt nicht gibt.

Kubaner sind seit 1960 an diesen Mangel gewöhnt, seit der amerikanische Präsident Dwight D. Eisenhower das erste Handelsembargo über die Insel verhängte. Über lange Jahrzehnte füllte die Sowjetunion die Lücke, lieferte Waffen und Waschmaschinen. Kuba wickelte im Jahr 1989 bis zu 85 Prozent seines Außenhandels mit dem sozialistischen Bruderstaat ab. Als die Sowjetunion 1991 zusammenbrach, verlor Kuba über Nacht seinen wichtigsten Handelspartner.

Havanna wurde zur saubersten Stadt Amerikas: Weil es nichts gab, wurde nichts weggeworfen. Müll war Wertstoff. Alles musste wiederverwertet, neu verwertet, umgewidmet werden. Das galt auch für die Ernährung. Habaneros erzählen, dass zu dieser Zeit alle streunenden Katzen aus der Hauptstadt verschwanden. *Resolver* und *inventar* wurden zur Überlebensnotwendigkeit.

Aus einer alten Öltonne ließ sich ein Pizzaofen herstellen: waagerecht auf ein selbst geschweißtes Gestell montiert, ein Gitterrost angepasst, unten Holzkohle, oben Pizza. Auf diese Weise grillen übrigens heute noch viele Kubaner an Festtagen die Schweinekeule, wenn sie die zwanzig Dollar aufbringen, die das sieben Kilo schwere Stück in der Regel kostet.

Ständig fiel in diesen Zeiten der Strom aus, sogar in Havanna. Die Stadt versank im Dunkeln, die Menschen strömten auf die Straßen, um der Hitze in den Wohnungen zu entgehen, und saßen dort plaudernd manchmal die halbe Nacht auf dem Kantstein. Kerzen gab es ebenfalls keine, aber die *chismosa*: ein Notlicht in einem alten Einmachglas, gebastelt aus einer leeren Zahnpastatube, etwas Verbandsmull als Docht, der durch die Öffnung der Tube gestopft wurde, und ein wenig Petroleum. »Ich erinnere mich noch daran, wie wir morgens mit schwarzen Nasenlöchern aufwachten, vom Ruß aus der chismosa«, erzählt ein Kubaner aus Havanna, »das stank entsetzlich.«

Die wichtigste Erfindung aus der Zeit der Spezialperiode ist das Fahrrad mit Hilfsmotor nach kubanischer Art, für das es sogar einen eigenen Namen gibt: das *Rikimbili*. Das Wort gilt in Kuba auch als Synonym für eine extrem wackelige, unsichere Konstruktion. Wer je ein *Rikimbili* gesehen hat, weiß, warum: Sosehr die Motor-Fahrräder für den kubanischen Erfindungsgeist sprechen – die Fahrt mit einem *Rikim-*

bili ist so gefährlich, dass die Fahrzeuge Anfang der 2000er-Jahre offiziell verboten wurden. Was natürlich nicht heißt, dass sie tatsächlich von den Straßen verschwanden.

Das *Rikimbili* löste eines der drängendsten Probleme der Spezialperiode, den Transport. Zu einer Zeit, als kaum noch Busse fuhren, Taxis wegen Treibstoffmangels in der Garage blieben, war das *Rikimbili* eine der wenigen Möglichkeiten, vom Fleck zu kommen. Als Basis dienten oft die robusten Fahrräder Marke »Fliegende Taube«, chinesischer Bauart. Aber natürlich gab es keine zertifizierten Motoren oder Konstruktionen für das Motor-Fahrrad. Die Konstrukteure griffen sich, was immer greifbar war: Motoren von Kettensägen, von alten Mopeds, von Apparaten zum Ausräuchern von Moskitos. Als Treibstofftank diente eine Mineralwasserflasche voller Benzin, die an den Lenker gehängt wurde. Die besten Geschosse konnten auf bis zu hundert Stundenkilometer beschleunigen – ohne dass dafür die Bremsen oder der Rahmen verstärkt wurden.

Der kubanische Künstler Ernesto Oroza, der in Südflorida lebt, fuhr zehn Jahre lang durch Kuba, um Beweisstücke für den kubanischen Erfindungsgeist zu sammeln. Ihn trieb, außer der Neugier, auch das Gefühl, das alle Sammler antreibt: dass sie für die Nachwelt etwas aufbewahren, was ohne ihre spezielle Liebe zum Objekt verloren wäre. Gefunden hat Oroza allerlei: Kinderspielzeug, das aus alten Getränkedosen geformt wurde. Ein selbst gelötetes Ladegerät für Einweg-Hörgerätebatterien. Immer wieder die *Chivichana*, eine Art Seifenkiste aus groben Holzlatten mit blanken Kugellagern als Rädern, auf denen die Kinder in ganz Kuba in Höllentempo abschüssige Straßen hinunterbrettern. In der Sierra Maestra verwenden Bauern die Seifenkisten auch, um Holz aus den Bergen ins Tal zu befördern. Gebremst wird mit den Stiefeln oder mit einem Lederriemen.

Oroza entdeckte zudem etliche weitere Arten, wie der Motor der Trockenschleuder aus der russischen Aurika-Waschmaschine wiederverwendet werden konnte: zum Schreddern von Kokosnüssen, als Schleifmaschine, zum Duplizieren von Schlüsseln und zur Schuhreparatur. Außerdem fand er eine fünf Meter hohe Stahlkonstruktion auf einer Hühnerfarm mit einem mannshohen Schwungrad. Wofür das? Oroza ließ es sich zeigen: Ein Landarbeiter kletterte das Gerüst hoch und trat mit seinem Fuß in eine Art Aufzuggondel, die mit dem Gewicht des Arbeiters nach unten rauschte – und zugleich das Schwungrad in schnelle Rotation versetzte. Damit ließen sich die Motoren der schweren Landmaschinen weitaus zuverlässiger starten als mit den eingebauten Anlassern, die regelmäßig kaputtgingen. Überall auf Kuba stieß man auf solche Erfindungen, begünstigt durch einen Überhang an Ingenieuren, die in ihrer stillgelegten Arbeitsstelle – auch dort gab es schließlich keine Ersatzteile mehr – nicht mehr ausgelastet waren.

Oroza hat für das, was er in seinen Jahren auf der Suche sammelte und fand, einen genialen Begriff geprägt: Er nennt den Erfindungsgeist eine Form des »technologischen Ungehorsams«. »Die Kubaner haben sich der Autorität der Objekte entzogen«, erklärt er. Die Einheit des Objekts, seine ihm ursprünglich zugedachte Bedeutung, ist für die kubanischen Erfinder irrelevant. Entscheidend ist nicht, was ein Objekt ist oder als was es gedacht war. Entscheidend ist, was es sein könnte.

»Wie ein wildes Tier, das ohne Essen eingeschlossen ist, und deshalb jede Mauer, jeden Zaun überspringen kann, sprengen die kubanischen Erfinder alle moralischen, technischen, legalen Grenzen der Objekte, die sie neu definieren«, sagt Oroza. *Resolver* und *inventar* sind ein Akt der Verzweiflung, zugleich aber auch der Befreiung.

Für den kubanischen Staat war der permanente Mangel während der Spezialperiode eine echte Gefahr. Die ständige Improvisation führte den Menschen letztlich die Unfähigkeit ihrer Regierung vor Augen, elementare Alltagsprobleme zu lösen. Mit jedem *Rikimbili* ging eine Verwünschung einher angesichts der miserablen Transportsituation; jede Umwidmung eines Trockenschleudermotors erinnerte daran, dass es in den Läden eben keine vernünftigen Ventilatoren zu kaufen gab.

1992 nahmen sich die Streitkräfte des Problems an und publizierten ein Handbuch mit dem Titel »Con nuestros propios esfuerzos«, »Aus eigener Kraft«, das den Erfindungsreichtum zur revolutionären Pflicht und Tugend erklärte. Das Buch eröffnet standesgemäß mit einem Fidel-Castro-Zitat: »Nichts ist unmöglich für den, der den Kampf aufnimmt!«; ein Duktus, den das Vorwort wacker weiterführt. »Ein Buch«, steht dort zu lesen, »das wieder einmal den Kampfeswillen unter Beweis stellt, die Bereitschaft zum Widerstand, den Mut und den Glauben an den kubanischen Sieg.«

Auf 300 Seiten folgen danach Bauanleitungen für die unglaublichsten Erfindungen, zusammengetragen aus allen Provinzen und Dörfern des Landes. Ein Heilpraktiker aus San Cristóbal erklärt, wie man Akupunkturnadeln aus Telefondraht herstellt, indem man die Enden zu Spitzen schleift. Auf Seite 122 präsentiert Doctor Orestes Casañola aus der Provinz Matanzas ein Verfahren zur Plasmafraktionierung in Krisenzeiten, also zur Trennung von Vollblut und Plasma, zusammengebaut aus einem alten Kühlaggregat, ein paar Schläuchen und drei Marmeladengläsern.

Auch Alltagstaugliches findet Platz in dem Wälzer. In Las Tunas, erfährt der Leser, mischen sich die Frauen ihr Shampoo aus etwas Natron, einem Glas Rum und Regenwasser.

In Santiago de Cuba dagegen werfen sie etwas Grünabfälle und Waschmittel in den Mixer, füllen mit Wasser auf und quirlen durch. In ganz Kuba kennt man die Schuhcreme aus Ruß, Kerzenwachs, Paraffin und Terpentin (Seite 162); wohingegen der namenlose Elektrobastler aus Puerto Padre in der Provinz Las Tunas unbedingt Patent anmelden sollte für seine Erfindung: ein Schaltplan für den Betrieb von Leuchtstoffröhren ohne Starter, der selbst dann noch funktionieren soll, wenn die Röhren eigentlich bereits durchgebrannt sind.

Der Motor der Trockenschleuder findet auf Seite 213 eine abenteuerliche Verwendung zur Förderung der Kultur: als Hilfsmittel zum Wickeln von Gitarrensaiten mit einem Kern aus Stahldraht und einer Ummantelung aus Kupfer. Ganz am Ende schließlich offenbaren sich noch die eigentlichen Redakteure des Buches: mit einer dreiseitigen, detaillierten Anleitung zum Bau eines Scharfschützenständers für die Kalashnikov (Kapitel »Verteidigung«, Seite 259).

Und wer all die Not nicht mehr ertragen konnte, behalf sich mit selbst gemachtem Wein aus Roten Rüben, aus Kochbananen (41 Tage ansetzen), aus Kirschen, Palmen, Reis, Paprika oder gleich selbst gebranntem kubanischen Wodka aus Kartoffeln. An die wiederum war aber schwer heranzukommen.

»Aus eigener Kraft« ist ein Kompendium voll pfiffiger Ideen, doch die wichtigste, historische kubanische Erfindung findet darin nicht statt. Wenn es einen König der Erfinder gab auf Kuba, dann ist es Marcial Basanta, ein Visionär, ein Verrückter mit einem klaren Ziel vor Augen: Key West, 150 Kilometer Nordnordost. Mit dem Auto übers Meer: Darauf musste erst einmal einer kommen.

Um Marcial Basanta zu treffen, musste ich ins Diezmero fahren, einen der vergessenen Vororte Havannas, wo die

Schlaglöcher so breit und tief sind, dass das Wasser niemals komplett verdunstet und unablässig Blasen aus dem schwarzen Sumpf aufsteigen.

»Wir sind abends um sieben Uhr losgefahren, von hier ans Meer«, erzählte Basanta, »nur Nebenstraßen. Wenn die Polizei uns angehalten hätte, wäre es aus gewesen. Wenn sie uns gebeten hätten auszusteigen, hätten wir die Türen nicht öffnen können, die waren ja zugeschweißt. Wenn sie uns gebeten hätten, den Kofferraum zu öffnen, wäre das auch nicht gegangen, der war ja auch zugeschweißt. Der Kofferraum war ein einziger Tank, 380 Liter Benzin. Kannst du dir vorstellen, wie schwierig es war, unauffällig 380 Liter Benzin zu besorgen?«

Marcial Basantas Wohnung war leer geräumt. Er hatte alles verkauft, um seinen alten Buick zum Boot umzubauen. Ein Amphibienfahrzeug, hergestellt im Hinterhof.

»Sechs Monate hat es gedauert, das Ding zu bauen, sechs Monate, hinten in der Garage, versteckt, damit niemand etwas merkt. Die Kinder wussten nichts davon, und als wir am Strand von Guanabo einfach ins Meer gefahren sind und das Auto anfing, auf den Wellen zu schaukeln, sagte mein achtjähriger Sohn: Papi, was ist denn das? Ich habe gesagt, das ist kein Auto mehr, das ist jetzt eine Yacht, und jetzt gehen wir die Oma in den USA besuchen.«

»Zuerst war das Meer ruhig«, erzählte Basanta, »aber als wir rauskamen, wurde es immer gefährlicher. Das Auto lag ziemlich tief im Wasser. Schließlich waren die Wellen so hoch, dass wir auf der einen Seite in die Wellen eintauchten und auf der anderen Seite wieder rauskamen.« Die Kinder haben dann die meiste Zeit geschlafen, zum Glück.

»Alles hat perfekt funktioniert. Der Motor hat nicht eine Sekunde gestottert, und das war der Originalmotor, ein Achtzylinder mit 300 PS. Wir hatten eigens eine Meerwasserkühlung für den Motor entwickelt, durch einen Ölkühler, und das Wasser wurde danach noch verwendet, um den Auspuff zu kühlen, und dann zurück ins Meer geschleust. Die Pumpe dafür war so ausgestattet, dass wir sie im Notfall nur umzuschalten brauchten, um Wasser aus dem Passagierraum zu pumpen. Die hätte in einer Minute mehrere Hundert Liter Wasser rausgepumpt.« 5000 Dollar hatte es gekostet, das Auto umzubauen.

»Morgens um acht waren wir nur noch acht Meilen vom Key Marathon entfernt, als uns ein Aufklärungsflugzeug der Küstenwache entdeckte. Acht Meilen! Wir sind im Fahrzeug geblieben und haben die Fenster hochgekurbelt, dann sind sie uns aufs Dach gestiegen. Sie haben versucht, die Schiffsschraube mit einem Seil stillzulegen, aber wir hatten eine Hydraulik und haben die Schiffsschraube eingefahren. Dann haben sie Zucker in den Tank geschüttet, aber mit einem Päckchen Zucker lässt sich ein so großer Viertakter nicht einfach stilllegen.« Abends um sechs gab Basanta dann auf. Die Kinder hatten geweint.

»Sie haben uns auf ein Schiff gebracht. Nach einer halben Stunde kamen sie wieder und fragten, warum sinkt das Auto nicht? Sie hatten es mit Maschinengewehren beschossen, aber es ging nicht unter. Ich sagte ihnen, dass wir es weitgehend ausgeschäumt hatten, deswegen. Schließlich haben sie es mit einer Rakete vom Hubschrauber beschossen und versenkt.«

Basanta wurde in ein Gefängnis verfrachtet, dann wenige Tage später in einem Schiff der amerikanischen Küstenwache zurück nach Kuba gebracht. »Als wir zurückkamen, wurden wir erst noch eine Nacht im Gefängnis festgehalten, dann brachten sie uns zu unserem Haus. Jetzt ist die Stasi hinter uns her. Sie rufen uns an, bestellen uns ein, immer in irgendwelche unscheinbaren Häuser. Wenn ich sage, ich will eine Vorladung, sagen sie, damit du dich als politischer Flüchtling bewerben kannst? Die sagen einfach, wir lassen dich zehn Jahre verschwinden, fertig.«

Marcial, ein ehemaliger Taekwondo-Kämpfer, Dritter bei den Weltmeisterschaften, ließ sich nicht unterkriegen. Er hielt sich fit durch Gewichtheben. Und mit einem Sandsack, die ganze Wut in den Sandsack.

»Ich hatte mal ein Mobiltelefon«, erzählte er noch zum Abschied, »und einmal redete ich mit meiner Frau, und sie hustete, und ich fragte: ›Schatz, bist du erkältet?‹ Und sie sagte: ›Nein, warum?‹ – ›Weil du gehustet hast.‹ – ›Nein, du hast gehustet!‹ Irgendjemand hatte da gehustet, und es war nicht sie und ich auch nicht. Da habe ich das Telefon abgeschafft.«

Marcial Basanta hat es am Ende dann doch noch in die USA geschafft, er lebt heute in Florida. Drei Amphibienfahrzeuge hatte er über die Jahre gebaut, alle drei wurden von der Küstenwache aufgebracht, fotografiert und anschließend versenkt. So bleibt von den Meisterwerken am Ende nicht mehr als von den meisten kubanischen Erfindungen aus der Epoche des *resolver* und *inventar*: ein paar Fotos und die irrwitzigen Erzählungen derer, die dabei waren.

Jugend: Die erste Generation nach Castro

Irgendwann werden die Jungen an die Macht kommen, die Fidel Castro nur noch als alten Mann im Trainingsanzug kennen. Was ist das für eine Generation?

Wahrscheinlich ist der Sozialismus auf Kuba genau seit jenem Tag dem Untergang geweiht, an dem er seinen größten Triumph feierte. Im Mai 2002 lässt Fidel Castro sein Volk zur Abstimmung antreten: Der Sozialismus soll als »unantastbar« in der kubanischen Verfassung verankert werden. Mehr als 130 000 Wahllokale öffnen drei Tage lang. Mehr als acht Millionen Wähler unterschreiben, praktisch alle erwachsenen Kubaner, mit Ausnahme einiger Dissidenten. Die Parteizeitung *Granma* feiert das Votum als »erdrückendste Niederlage, die das Imperium [die USA] je erlitten hat«.

Doch die Demonstration der Stärke ist in Wahrheit ein Zeichen der Schwäche. Niemand hat zu diesem Zeitpunkt die Macht, Fidel Castro herauszufordern. Doch Castro weiß, dass seine Zeit zu Ende geht und dass nach ihm niemand mehr für die Fortführung des kubanischen Modells garantieren kann. Es ist der Versuch eines alten Mannes, sein Vermächtnis zu zementieren. Es ist der Versuch, das Wort »Wandel« aus dem kubanischen Wortschatz per Dekret zu verbannen.

Vier Jahre später verschwindet Fidel Castro von der Bildfläche und von der Macht. Da war Amelia Duarte de la Rosa gerade zwanzig Jahre alt. Sie kann sich natürlich an Fidel Castro noch erinnern, aber eher als gebrechlichen Greis. In ihrem Erwachsenenleben war Fidel Castro die meiste Zeit abwesend. Amelia gehört zur ersten Generation junger Kubaner aus der Post-Castro-Ära. Zu den Ersten, die nicht unterschrieben haben, dass der Sozialismus »unantastbar« sei.

Als Amelia Duarte de la Rosa im Jahr 2013, mit gerade 27 Jahren, auf den Chefsessel der Kulturredaktion in der Parteizeitung *Granma* berufen wird, ist sie die jüngste Frau, die je diesen Posten bekleidet hat. Die Redaktion residiert in einem Zweckbau nahe dem Platz der Revolution, in Griffweite des Staatsrats und des Innenministeriums. Die Zeitung war immer ein Sturmgeschütz des Sozialismus, staubtrocken in der Sprache, misstrauisch im Dialog, verknöchert an der ideologischen Front. Und altbacken im Auftritt, wie eine Museumswächterin mit Rüschenbluse und Dutt.

Amelia Duarte muss auf den Fluren dieser Redaktion wirken, als hätte jemand zum ersten Mal seit 1959 die Fenster geöffnet und frische Luft hereingelassen. Offen und weltgewandt, neugierig und kokett posiert sie ausgerechnet auf Facebook auch gern mal auf Fotos von Ausflügen ins kapitalistische Ausland.

»Wir alle würden uns gern zum Besseren wandeln«, sagt Amelia Duarte und seufzt, »aber mal ehrlich: Viele wollen sich gar nicht ändern.« Einige Jahre nach Fidel Castros Abgang gilt nichts mehr als »unantastbar«, auch der Sozialismus nicht. Sogar Fidels Bruder und Nachfolger Raúl Castro hat eingestanden: »Wenn wir uns nicht ändern, gehen wir unter.« Der früher undenkbare »Wandel« wird zur Sozialistenpflicht.

88

Als Amelia Duarte zum Kongress der Vereinigung der kubanischen Journalisten eingeladen wird, meldet sie sich unbefangen zu Wort. Ihre Rede gerät zum Skandal. »Leider gibt es nur schmerzhaft wenige Vorbilder, denen zu folgen es sich lohnte. Wir laufen Gefahr, die Mittelmäßigkeit weiterzuführen, indem wir sie imitieren.« Raunen im Saal. »Gerade wir Jungen laufen Gefahr, nur ein weiteres gut geschmiertes Rädchen im Getriebe zu sein und weiter zu marschieren in Richtung des Abgrunds an Unprofessionalität und mangelnder Glaubwürdigkeit.«

»Eine Menge Leute sagten danach, so jemand habe in der Parteizeitung nichts zu suchen«, erzählt Amelia Duarte später beim Interview in ihrer Wohnung. Sie serviert Kaffee in kleinen Tässchen, ihre Bewegungen dabei haben etwas Tänzerisches. Offene Worte erforderten immer Mut auf Kuba, gerade unter Journalisten, die seit Jahrzehnten nur als Pressesprecher der Regierung fungieren. Hatte sie keine Angst?

»Angst? Wovor? Ich liebe es zu schreiben, aber ich klebe nicht an meinem Sessel. Meine Position gibt mir Freiheit. Aber wenn sie bedeutet, dass ich diese Freiheit nicht nutzen kann, gebe ich sie gern wieder auf.«

Hat sie die Freiheit? Amelia Duarte überlegt eine Weile. Vor der Tür kräht ein Hahn, sie lebt in einem der Außenbezirke der Stadt, mit ihrem Freund, der sie während des Interviews mit dem ausländischen Reporter keinen Moment allein lässt. »Habe ich die Freiheit? Mentalität ist etwas, was man nicht ablegen kann wie abgetragene Kleidung. Veränderungen brauchen Zeit. Aber wenn ich nichts ausprobiere, woher will ich dann wissen, was möglich ist? Es geht darum, die Grenzen zu verschieben.«

Noch vor wenigen Jahren galt Kubas Jugend als »verlorene Generation«: aufgewachsen in den Mangelzeiten der Spezialperiode, mit guter Ausbildung, aber ohne Chance, mithilfe dieser Ausbildung ihr Leben eigenbestimmt zu gestalten. Wer Glück hatte, ergatterte damals einen Platz in einer Künstlergruppe, wie Martika, Tochter einer streng revolutionären Familie, die es Anfang der 2000er mithilfe ihres Tanztalentes in einer Kompagnie bis nach Europa schaffte: bloß raus, und sei es nur für wenige Wochen im Jahr. Andere versuchten sich als *reguetonero*, als *reguetón*-Sänger, wie Elvis Manuel, der von einer Karriere in den USA träumte. Und der im Jahr 2008 beim Versuch, in einem Boot nach Key West überzusetzen, kenterte und ertrank.

Viele aber wählten irgendeine Art innerer Emigration in einem Lebensalter, in dem Jugendliche eigentlich aufbrechen und ihr Glück versuchen. Kluge Köpfe wie Ariel, einer der Freunde der Tänzerin Martika, der Ende der 2000er in der Trabantenstadt Alamar bei seiner Mutter wohnte und stundenlang über das Leben philosophieren konnte. Draußen vor den Fenstern drückende Hitze und der Ausblick auf die tristen grauen Blöcke sowjetischer Bauart. Sein Zimmer war eine Graffiti-Höhle, Gedichte an den Wänden, auf dem Boden Zigaretten und aus Zeitschriften ausgeschnittene Collagen, eine Mischung aus Che Guevara und Coca Cola, aus Revolution und Revolte. Viele Fragen und niemanden, dem er sie stellen konnte. Eine Karriere an der Universität war für einen rebellischen, tätowierten jungen Mann undenkbar.

Wochenends trafen sich Ariel und ähnliche Außenseiter in Vedado an der Calle G, Ecke 23. Straße. Anfangs waren es nur ein paar *friquis*, wie sie sich nannten, »Freaks«. Mit der Zeit kamen mehr und mehr, und die Versammlung wucherte die Calle G hinab, eine breite Avenida mit einem Park zwischen den Fahrspuren und vielen alten Monumenten von längst verblichenen Präsidenten. Es gab Sitzgelegenheiten, die nun von Tätowierten, Langhaarigen, Gitarrespielern, Trinkern, Kiffern, Philosophen besetzt wurden, die sich *friqui*, *emo* (Gothic), *mikis*, *repa* (Rapper), *reguetonero* und *roquero* (Rocker) nannten. Wer sich unter die Menge mischte, hörte wenige Klagen, eher Trotz, konnte viel verschwendete Lebenssehnsucht spüren. Soziologen nannten die Gruppen »Urban Tribes«, Stadtindianerstämme, die verschwanden, als das kubanische Fernsehen sie entdeckte und versicherte, natürlich seien das allesamt anständige junge Leute, die auch schon studierten oder das bald vorhätten. Ariel hat dann irgendwann eine spanische Touristin geheiratet und ist ausgewandert.

So wie die Szene der Stadtindianer an der Calle G die Perspektivlosigkeit der Nuller-Jahre symbolisiert – so sehr symbolisiert das Verschwinden dieser Szene den neuen Geist des Aufbruchs. Dazu hat die Ablösung an der Spitze des Landes beigetragen, die Versprechungen auf Wandel, der, wenn auch schleppend, nach und nach spürbar wird. Vor allem aber gibt es für die kubanische Jugend heute einen Raum, für den die Revolutionäre von vorgestern schlicht zu alt sind, um ihn zu verstehen: das Internet. Lange hat der kubanische Staat versucht, das Internet von Kuba fernzuhalten. Doch irgendwann war die Abstinenz ein Problem für die kubanischen Wissenschaftler und für den Tourismus. Und als die ersten Internetcafés in Havanna eröffneten und nach und nach die Universitäten angeschlossen wurden, fanden gewitzte Köpfe den Weg ins Netz. Eine Weile spielten Blogger und Staatssicherheit Katz und Maus. Bis einer im entscheidenden Moment Widerstand leistete und sich nicht unterkriegen ließ: Harold Cárdenas.

Für das Interview kommt Harold Cárdenas eigens aus Matanzas nach Havanna, als Tramper, nimmt sich einen ganzen Tag frei. Es ist ihm wichtig, seine Geschichte zu erzählen. Cárdenas unterrichtet als Dozent Philosophie an der Universität in Matanzas, jung berufen, man würde ihn auf den ersten Blick nicht für einen Professor halten. Obwohl er fast noch jünger wirkt als seine nicht einmal dreißig Jahre, strahlt er eine erstaunliche Ruhe und Sicherheit aus.

Gemeinsam mit zwei Freunden gründete Cárdenas zwei Jahre zuvor einen eigenen Blog. Ein Philosoph, ein Choreograf und ein Wirtschaftswissenschaftler, sie nennen sich »La joven Cuba« und führen ein Internet-Tagebuch über das junge Kuba: »Alle Meinungen zu Kuba waren immer entweder schwarz oder weiß«, erklärt Cárdenas. »Die Medien in Miami sagen, alles in Kuba ist schlecht. Und unsere eigenen Zeitungen behaupten, alles in Kuba ist super. Uns ging es darum, die Zwischentöne zu zeigen.«

Eine Zeit lang geht das gut, aber irgendwann wird dem Rektor der Uni der Blog zu heiß. »Es war eine absurde Erfahrung«, erzählt Cárdenas. »Du kommst morgens in die Uni, und auf dem Bildschirm steht ›Zugang verweigert‹. Und das war's dann.« Aber Cárdenas sieht nicht ein, warum er aufhören sollte. Er schreibt weiter, kopiert die Texte auf USB-Sticks und trampt ins hundert Kilometer entfernte Havanna. Klinkt sich dort auf einem Touristencomputer ins Internet ein, lädt seinen Text hoch. »Bis dahin waren alle gesperrten Blogs irgendwann eingeschlafen. Das war ein kritischer Moment für die Blogsphäre.« Doch der Staat legt nach: »La joven Cuba« wird gesperrt; kubanische Leser können den Blog damit nicht mehr aufrufen.

Cárdenas und seine Freunde waren nicht nur Uni-Dozenten, sie waren allesamt auch Funktionäre der Sozialistischen Jugend. »Dort, in der Vereinigung der jungen Kommunisten, sagten wir dasselbe, was wir auch in unseren Blogs schrieben. Eine Sperre gegen uns war also eine Sperre gegen die Jugend.« Das wurde offenbar auch von anderen so gesehen. »Es gab eine Explosion der Solidarität, offene Briefe, Erklärungen, alles.« Bei einem Konzert der Rockgruppe Buena Fe (übersetzt etwa »Treu und Glauben«) in Matanzas holt der Sänger den Blogger auf die Bühne und sagt ins Mikrofon: »Übrigens, der Blog muss wieder entsperrt werden!« Das Publikum johlt.

Irgendwann erreicht die Nachricht auch den Staatsrat in Havanna. Raúl Castro schickt seinen gerade nominierten Vizepräsidenten Miguel Díaz-Canel nach Matanzas, um die Sache zu klären. Díaz-Canel wird zu dieser Zeit bereits als Kronprinz von Raúl Castro gehandelt; er ist nach dem Präsidenten der mächtigste Mann im Staat. Die Universität, eigentlich geschlossen, beruft eine Sitzung ein. Díaz-Canel hört sich die Vorgeschichte an und fragt dann freundlich: »O.k., Jungs, womit können wir euch helfen?«

»Na ja, der Blog müsste wieder entsperrt werden.«

Díaz-Canel schaut zum Rektor: »Ich denke, das müsste zu machen sein, oder?«

Der Rektor sagt nichts.

»Wir hatten gewonnen, aber wir dachten, wenn wir das nicht dokumentieren, glaubt uns das kein Mensch«, erzählt Harold Cárdenas weiter, »und Díaz-Canel sagt: ›O.k., was schlagt ihr vor?‹ Und ich: ›Wir brauchen ein Foto!‹ Und dann musste der Rektor mit meinem Mobiltelefon ein Foto von uns machen. Das war unfassbar.«

Das unscharfe, verwackelte Foto gilt heute als historisches Dokument: Der Vizepräsident der Republik, vor einer Wand, an der die Bilder von Raúl und Fidel Castro hängen, lässt lässig die Arme auf den Schultern von zwei der drei grinsenden Blogger ruhen. Man könnte sagen, es ist der Moment, in dem die Kommunistische Partei Kubas zum ersten Mal das Internet umarmt. Auch wenn viele Seiten nach wie vor blockiert sind, auch wenn viele Blogger nach wie vor diskriminiert werden: Seit »La joven Cuba« wieder online ist, weiß die Blogsphäre, dass es sich zu kämpfen lohnt.

Von seiner kritischen Haltung hat Harold Cárdenas seitdem nichts eingebüßt. Seine Zugehörigkeit zur Partei sieht er nicht als Widerspruch dazu: »Das Einparteiensystem auf Kuba wird nur so lange überleben, wie es der einen Partei gelingt, verschiedene Meinungen zuzulassen.« Eine eigene Meinung zu äußern und auch dazu zu stehen fällt vielen Kubanern schwer, glaubt Cárdenas: »Die Menschen schimpfen andauernd, aber wenn du eine Fernsehkamera auf sie richtest, bleiben sie stumm. Das Internet ermöglicht es zum ersten Mal, privat Kritik zu äußern, die dennoch andere Menschen lesen können.«

Seine kritische Haltung hat Harold Cárdenas nicht geschadet. Wer ihm auf Facebook folgt, kann über seine Reisen nur staunen. Washington, Miami, Puerto Rico, Mexico: Kongresse, Ideenaustausch, diplomatisch-freundschaftliche Missionen. Aus dem Aufwiegler ist ein Botschafter des neuen, klugen, jungen Kuba geworden. 2018 wird Raúl Castro abdanken, dann sind die Castros endgültig weg von den Schalthebeln der Macht. Schon jetzt werden auf Ebene der Provinzen und Gemeinden viele jüngere Kader aufgebaut. Und so wie Raúl Castro sich Miguel Díaz-Canel heranzieht, hält dieser die Hand über Harold Cárdenas. Auch wenn alle drei aus unterschiedlichen Generationen kommen, scheinen sie ein gemeinsames Ziel zu haben: die Souveränität Kubas zu erhalten – aber die notwendigen, zur Not auch radikalen Änderungen nicht länger aufzuhalten.

Wie schwer dieser Wandel sein wird, zeigt sich, als das kubanische Pressezentrum ein Treffen mit der Kommunistischen Jugend UJC organisiert. Ausgerechnet die UJC schafft es nicht, einen fortschrittlichen Jugendlichen ins

Interview zu schicken. Noch nicht mal einen wirklich jungen Menschen: Osnay Colina zählt 39 Jahre. Er empfängt den Besuch im Wohnzimmer einer alten Villa in Vedado, die jetzt von der Jugendorganisation genutzt wird. Es ist ein schwüler Tag in Havanna, so schwül, dass sich der Schweiß durch die Hosenbeine abdrückt, in kleinen Bächen unter dem Hemd läuft. Kaffee wird serviert, es sieht so aus, als sei das Personal nur angerückt, um den ausländischen Besuch zu bewirten, und warte nur darauf, dass dieser wieder geht. Die Klimaanlage sei leider defekt, sagt Osnay Colina entschuldigend, aber vielleicht ist sie ja nur abgeschaltet, damit die Aufnahme auf den Abhörmikrofonen besser zu hören ist.

Colina betrachtet den Besuch mit jener Wachsamkeit eines Polizisten, der Einbrecher gestellt hat und nun verhört. Bei jeder Frage legt er den Kopf schief, kneift die Augen leicht zusammen und versucht, die Falle zu erkennen.

Ein Wandel in Kuba? »Zwischen Fidel und Raúl gibt es keinen Bruch« (lachhaft!). Und was ist mit den neuen Parteirichtlinien? Privatwirtschaft? Reisefreiheit? »All das dient nur dazu, den Sozialismus noch stärker zu machen.«

Was ist mit den Jugendlichen, die nicht zur Kommunistischen Jugend wollen? Den Stadtindianern? »Wir sind die Avantgarde der Jugend. Nur wir repräsentieren die Jugend Kubas.«

Was ist mit den Dissidenten? »Dissidenten? Das sind alles bezahlte Söldner des Kapitalismus. Vom Klassenfeind gekauft. WIR sind die wahren Dissidenten! Kuba ist ein Land von Dissidenten! Die Welt wird vom Kapitalismus regiert, nur WIR halten noch dagegen.«

Wie soll sich die kubanische Jugend für die Zukunft rüsten? »Wichtig ist jetzt, dass jeder das tut, was zu tun ist.« (Soll heißen: Klappe halten und arbeiten.)

Osnay Colina erinnert mich an jenen Maler, der sich selbst als Bücherwand bemalt, sich dann vor die Bücherwand stellt und fotografiert: unsichtbar, aber überall vorhanden. Unendlich anpassungsfähig, aber ewig wachsam. Kader vom Typ Colina gibt es in Kuba in jedem Staatsbetrieb, sie wachen darüber, dass niemand über die Stränge schlägt, sie berichten direkt an die Staatssicherheit, sie sind in der Regel fachlich komplett inkompetent, aber mächtig. Sie würden nie direkt aufbegehren, aber sie sind Raúl Castros größtes Problem. Sie haben viel zu verlieren und sind die größten Fortschrittsbremsen in Kuba.

Die meisten jungen Menschen in Kuba passen aber in keines dieser Schemata. Sie sind wie überall auf der Welt: weder Kader noch Aussteiger; weder Widerständler noch Karrieristen. Die meisten Vertreter der neuen Generation Kubas sind komplett unpolitisch, haben mit der Revolution nicht viel am Hut und träumen schlicht von einem besseren Leben. Als Fidel Castro abtrat, waren sie Teenager, jetzt sind sie erwachsen und Konsumisten, wollen reisen, ausgehen, schicke Kleider, teilhaben an der Internationale des Spaßhabens und der Kultur und nichts wissen von den verstaubten, nährwertfreien Parolen aus der Generation ihrer Großeltern, die noch immer entlang der Landstraßen aufgepflanzt sind. So wie Lissan, 23 Jahre alt, ehemals Musiklehrerin und nun Fotomodel. Als Musiklehrerin, sagt Lissan, hat sie achtzehn Dollar am Tag verdient; sie sagt nicht »450 Pesos«, wie das ihre Mutter noch berechnen würde. Denn alles, was Lissan wichtig ist, wird in Dollars bezahlt: neue Schuhe, Eyeliner, Lidschatten.

Das gute Leben ist aus Lissans Sicht gar nicht so kompliziert und hat mit Kommunismus und Kapitalismus nur am Rande zu tun. Ein guter Tag ist für Lissan ein Tag, an dem auf dem Prepaid-Telefon noch genügend Geld ist, um ihren

Freundinnen eine SMS zu schicken und sich für den Abend zu verabreden. Darin wiederum unterscheidet sich auch die neue Generation in Kuba kaum von vorigen: Ein guter Tag ist einer, der mit einer durchtanzten Nacht zu Ende geht.

Oldtimer: Stilvoll quer durch Kuba

*Etwa 60 000 Oldtimer fahren noch auf Kubas Straßen. Sie
am Laufen zu halten verlangt den Besitzern alles ab.*

Bayamo erwacht am Morgen unter dem Geräusch von Huf-
getrappel und dem Knarzen schwerer hölzerner Räder.
Noch vor Sonnenaufgang füllt sich der Platz vor dem Bahnhof mit Leben. Wie überall im Kuba jenseits Havannas sind
Pferdekutschen in der östlichen Provinzhauptstadt das wichtigste Verkehrsmittel für den lokalen Transport. Während in
den Großstädten der Welt demnächst satellitengesteuerte,
selbst fahrende Taxis ohne Fahrer Einzug halten werden,
überleben auf Kuba Transportmittel aus dem vorvorigen
Jahrhundert, Droschken in kaum veränderter Bauart. Die
grazilen Fahrzeuge werden von drahtigen Pferden gezogen,
die in ihrem Leben nichts anderes gekannt haben als Arbeit
und das Eingeschirrtsein vor der Last.

Wir sind an diesem Morgen in Bayamo allerdings auf der
Suche nach einem komfortableren Gefährt. Gemeinsam mit
einem Freund bin ich unterwegs, um Kuba von ganz im
Osten bis in den Westen zu durchqueren. Wir haben keine
Lust auf die Viazul-Touristenbusse, vor deren Panorama-
fenstern das Land vorbeizieht wie auf einem Fernsehschirm,

distant, als wäre man gar nicht da. Wir sind auf der Suche nach einem amerikanischen Oldtimer mit Chauffeur, der uns nach Camagüey bringen soll, die nächste größere Stadt auf dem Weg in den Westen.

Es dauert nicht lange, bis wir unseren Wagen finden. Ein himmelblauer Chevrolet Parkwood biegt auf die Hauptstraße ein, ein obszön überlanger Kombi mit blitzenden Zierleisten, Haifischfinnen am Heck und einem breiten Chromgrinsen auf dem Kühler. Der Wagen gehört Javier Hernández, einem ruhigen, in sich gekehrten jungen Bayameso mit schütterem Haar und stahlblauen Augen. Wir einigen uns mit ihm auf einen Fahrpreis, der uns allen ein gutes Geschäft erscheint, und machen uns auf den Weg aus der engen Stadt hinaus auf die einsame Landstraße, die zwischen Viehweiden und Zuckerrohrfeldern hindurchführt, vorbei an Mangobäumen, an denen gelbe, herzförmige Früchte hängen.

Der Chevrolet, erzählt Javier, kam im Jahr 1959 nach Kuba, also bereits nach dem Sieg der Rebellen. Kurz darauf wanderte der Besitzer in die USA aus. Er parkte den Wagen in der Garage des Bruders, wo das Auto bleiben sollte, bis der Castro-Spuk vorbei sei, was allenfalls ein, zwei Jahre dauere, wie der Besitzer glaubte. Nach dreißig Jahren schrieb er seinem Bruder einen Brief: Verkauf das Auto, ich werde ja doch nicht mehr zurückkommen. Achtzehn Jahre lang blieb der Wagen im Zweitbesitz, bis ihn schließlich Javier vor fünf Jahren kaufte. Eigentlich studierte er zu dieser Zeit Verkehrswesen an der Universität, doch als er den Chevrolet bekam, gab er das Studium auf. »Fünf Jahre Studium, um mir dann den Abschluss zu Hause an die Wand zu hängen? Wozu? Mein Vater war schon immer Automechaniker gewesen, und so wurde ich es auch.«

Stolze 11 000 Dollar musste Javier Hernández für den alten Chevrolet bezahlen, in bar. Jetzt fährt er Taxi als selbstständiger Unternehmer auf der Route Bayamo-Holguín. Das bedeutet: Aufstehen um 3:30 Uhr, um dann um 4:30 Uhr der Erste am Platz vor dem Bahnhof zu sein. Jeder Fahrgast bezahlt dreißig kubanische Pesos für die Fahrt, also gut einen Euro; in der Regel schafft Javier zwei, manchmal drei Rundfahrten am Tag. An guten Tagen nimmt er 1400 kubanische Pesos ein, umgerechnet fünfzig Euro. Das lohnt sich nur, weil er den Diesel für das Auto schwarz für umgerechnet 25 Euro-Cents den Liter auf der Straße kauft, von staatlich angestellten Lastwagenfahrern, die mit dem Abzapfen des Tanks ein Zubrot verdienen. Für die Lizenz bezahlt Javier monatlich 44 CUC, für den Unterhalt seines Chevrolets gibt er 200 CUC im Monat aus: Reifen, Zylinderkopfdichtung, Bremsscheiben, Fenster, Sitze, Stoßdämpfer – irgendwas ist ja immer. Am Ende des Monats geht Javier mit 600 CUC nach Hause, gut 500 Euro. Das ist nicht viel Geld für einen Zwölf-Stunden-Tag, eine Sechs-Tage-Woche. Doch damit zählt er zum neuen kubanischen Mittelstand.

Etwa 60 000 Oldtimer aus der Vor-Castro-Zeit gibt es noch auf Kuba. Die meisten Autos stammen aus den 1950er-Jahren, also aus einer Zeit, als die Menschen glaubten, dass wir spätestens im Jahr 2000 fliegende Autos besitzen würden. Einzelne Wagen gehen sogar bis in die 1930er-Jahre zurück und könnten als Originalrequisite dienen für Gangsterfilme über die Zeit der amerikanischen Prohibition. Die »Yank-Tanks« (Ami-Panzer), Stolz der amerikanischen Autostadt Detroit, haben die vielen Jahre erstaunlich gut überstanden. Diese Oldtimer bilden heute das Rückgrat des Nah- und Fernverkehrs auf Kuba. Der Personentransport ist auf Kuba ein immerwährendes Problem, das sich seit der Spezialperiode nach dem Zusammenbruch der Sowjetunion nur wenig verbessert hat. Das Transportministerium verfügt bei Weitem nicht über genügend Busse und Züge, um die Lust und Bedürfnisse der Kubaner nach Fortbewegung zu befriedigen. Plätze im Überlandbus müssen lange im Voraus gebucht werden, ohne Garantie, dass der Bus dann auch fährt (und nicht etwa wegen fehlender Ersatzteile in der Werkstatt steht).

Wer in Kuba über Land fährt, sieht an allen großen Kreuzungen Menschen mit Gepäck, die darauf hoffen, von einem freundlichen Fahrer mit freiem Sitz im Auto mitgenommen zu werden oder wenigstens für ein paar wenige Pesos auf der Ladefläche eines Lastwagens Platz zu finden. Arme Kubaner ohne Dollars durchqueren auf diese Weise die ganze Insel, etwa, um Verwandte in Havanna zu besuchen. Sie verbringen Tage an den Landstraßen und Autobahnen, wartend im Schatten eines Mangobaums, während der Verkehr brausend an ihnen vorüberzieht.

Als sich die Regierung 2013 entschloss, private Fuhrunternehmer zuzulassen, wurde auch noch der letzte alte Lastwagen aus den 1950er-Jahren zum Überlandbus umgebaut: ein Käfig aus Blech aufgesetzt, mit schmalen Sehschlitzen und engen Sitzbänken versehen, ein starker Motor eingebaut und das Ganze bunt bemalt. An der Haltestelle im Provinzstädtchen Las Tunas sehen wir elf derartige *camiones*, nebeneinander geparkt, während die privaten Dispatcher lautstark die Destinationen ausrufen und die Fahrgäste verteilen: »Holguín, auf geht's, nach Holguín!« – »Camagüey, es fehlen nur noch zwei bis Camagüey!«

Später, auf der Landstraße, werden wir von ein paar dieser Lastwagen überholt, deren Fahrer das alte Material mit 120, 130 Stundenkilometern über die holprigen Straßen prügeln, den Finger stets an der Pressslufthupe, um Kühe, Fahrräder, Lada-Fahrer lautstark aus dem Weg zu scheuchen. Die »Busse« sehen dann aus wie Gefangenentransporter, und die

Fahrgäste hinten überstehen die Fahrt nur schweißgebadet und mithilfe von Stoßgebeten. Wenn es, was immer wieder passiert, zu Unfällen mit den Camiones kommt, sind zehn oder auch zwanzig Todesopfer keine Seltenheit.

Deswegen bezahlt, wer es sich leisten kann, lieber ein paar Pesos mehr, um dann im Fond eines Straßenkreuzers Platz zu nehmen, dessen Designer es offenbar darauf angelegt hatten, das Gefühl von der Weite des amerikanischen Westens ins Innere eines Autos zu übersetzen. Alles an den Fahrzeugen ist verschwenderisch, der Platz, der Hubraum und der Spritverbrauch, die Länge der Motorhaube und der Zierleisten, die Dicke des Blechs und die Größe der Reifen. Dieser großzügige Materialverbrauch bildet den Grundstock der Langlebigkeit der Yank-Tanks, auf die auch Javier Hernández schwört. Stolz klopft er auf das dicke Blech und sagt: »So ein Material findest du heute nicht mehr!«

Jahrzehntelang waren Oldtimer die einzigen Fahrzeuge, die legal auf Kuba verkauft werden durften. Die russischen Ladas gab es nur als Parteifahrzeuge, und Neuwagen aus dem Ausland waren Diplomaten und ausländischen Geschäftsleuten vorbehalten. Mercedes-Limousinen waren allenfalls in Havanna zu sehen. Auch Fidel Castro wurde im Mercedes gefahren; immer im Dreierkonvoi schwerer, gepanzerter Fahrzeuge mit verdunkelten Scheiben (damit nicht klar war, in welchem Auto der *Comandante* saß).

Autobesitz war, auch wenn die Ersatzteile schwer zu beschaffen und der Sprit teuer waren, ein absolutes Privileg; eine Möglichkeit, in der auf Gleichheit ausgerichteten sozialistischen Gesellschaft herauszustechen. »Er hatte ein Auto«, seufzt die geschiedene Frau, und jeder weiß, was damit gemeint ist: Dass der Wagen der Scheidungsgrund war. In einem Land, in dem jede Fahrt, und sei es nur quer durch die Stadt, bedeutet, dass man erst stundenlang in der Sonne warten muss, um sich dann in unbequeme, enge, überladene Fahrzeuge zu drängen und sich zwischen verschwitzte Leiber zu pressen, bedeutet ein eigenes Auto echte Freiheit (und bietet dem Besitzer, mobil und mit einem Dach über dem Kopf, reichlich Gelegenheit zum Ehebruch).

2013 genehmigte die Regierung schließlich den Verkauf von Neuwagen, und viele Kubaner stürmten erwartungsvoll in die wenigen Niederlassungen ausländischer Autohersteller. Doch dort gab es nichts zu holen: Die Preise für Neuwagen kletterten in absurde Höhen. Für einen Peugeot 508, der in Europa weniger als 30 000 Euro kostet, verlangten die Händler fantastische 205 000 Dollar – eine Summe, für die man sich eine stolze Villa in Havannas Gartenstadt Vedado kaufen könnte. Oder, wenn man es in den durchschnittlichen Verdienst eines Arztes auf Kuba umrechnet: 683 Jahresgehälter.

Viele fürchteten, die Freigabe der Neuwagen bedeute das Ende der Oldtimer, doch das Gegenteil war der Fall. Die Kubaner bekamen nun, weil der Autobesitz legal, die Neuwagen aber unerschwinglich waren, noch größere Lust auf Fahrzeuge, und die Preise für die Oldtimer stiegen.

Der nächste Chauffeur auf unserem Weg nach Westen ist Mauro Hernández, mit einem Oldsmobile 54 Starfire. Die Kühlerfigur gleicht einem Düsenflugzeug aus Chrom, aus dem Kühlergrill ragen zwei mächtige Stoßzähne, die wohl den Treibstofftanks an den Flügeln nachempfunden waren. Die amerikanischen Starfire-Kampfjets aus den 1950er-Jahren hatten einen Nachbrenner, der das Flugzeug fast bis auf Schallgeschwindigkeit beschleunigen konnte, doch unser Oldsmobile zuckelt nach wenigen Kilometern auf einen Feldweg: Nichts geht mehr. Mauro kriecht unter das Auto, irgendetwas stimmt mit dem Lenkgestänge nicht. Kein Problem, beruhigt er uns, das kann ich reparieren, allerdings kommt er nicht in den Kofferraum. Er hat den Schraubenzieher, der nötig ist, um das Schloss des Kofferraums aufzustemmen, offenbar zu Hause vergessen, so sitzen wir jetzt im Schatten einer Palme und üben uns in der Tugend der kubanischen Reisenden, dem Warten. Bis der Lastwagen einer Agrarkooperative vorbeikommt, wir uns einen Schraubenzieher borgen können, Mauro an sein Werkzeug kommt und den Kampfjet wieder auf die Straße bringt.

Mauro hat italienische Vorfahren und deren Talent für lebhafte Konversation geerbt. Er chauffiert uns nicht allein. Bevor wir aus Camagüey abfuhren, holte er noch seine Frau Sandra ab, die neben ihm auf der Beifahrerbank Platz nimmt (in den meisten amerikanischen Oldtimern ist vorn eine durchgehende Bank installiert, auf der neben dem Fahrer leicht noch zwei Personen Platz finden). Später, bei einer eisgekühlten Tropicola an der Raststätte, erzählt sie, dass sie keine ruhige Minute hat, wenn Mauro Taxi fährt: Taxifahrer leben gefährlich, sagt sie, neulich erst wurde einem 24-Jährigen die Kehle durchgeschnitten, um an sein Geld zu kommen.

Sosehr sich die Kubaner gewünscht haben, endlich selbst Devisen verdienen zu dürfen, EIGENES, selbst verdientes Geld, mit dem sie machen können, was sie wollen, so kamen mit dem Besitz doch auch die Angst, die Gitter vor den Fenstern, die als Käfige verkleideten Balkone, die doppelten Türschlösser. Kein gut restaurierter Oldtimer darf nachts auf der Straße parken, und wenn doch, wird ein Wächter dafür bezahlt, die ganze Nacht daneben zu sitzen.

Sandra schaut sich um, lehnt sich dann vor, wie um mich in ein Geheimnis einzuweihen. In Pinar del Río, erzählt sie, da wurden die Leichen von zehn (zehn!) Taxifahrern ausgegraben. Alle mit durchgeschnittener Kehle! Natürlich steht davon nichts in der Zeitung, sagt Sandra und lehnt sich wieder zurück, das hält die Regierung unter Verschluss, solche Nachrichten dürfen nicht veröffentlicht warden. (Vor allem, weil sie Quatsch sind: Nie im Leben gelänge es einer Taximörderbande in Kuba, zehn Leichen zu verbergen und zu vergraben.) Und deswegen, sagt Sandra und legt Mauro die Hand auf den Schenkel, fährt sie lieber mit.

Wie sie, eine zierliche Blondine von gerade mal 1,55 Metern Körpergröße, die gurgelschlitzenden Taximörderbanden abwehren will, fragen wir lieber nicht. Wahrscheinlich fährt sie in Wirklichkeit eh nur mit, um sicherzugehen, dass Mauro keine Anhalterinnen mitnimmt und ohne Umwege wieder nach Hause fährt.

Nach vier Tagen sind wir endlich in der Hauptstadt angekommen. In Havanna fahren bei Weitem die meisten amerikanischen Straßenkreuzer, die noch in Kuba verblieben sind. Der allergrößte Teil davon ist täglich im Einsatz als *maquina* oder *almendrón*, also als eines der vielen Sammeltaxis, die Tag und Nacht die Hauptstadt auf festen Routen durchqueren. Wer die Routen kennt, kann sich dort einfach an die Straße stellen und die Hand raushalten, um die Taxis anzuhalten. Fahrer und potenzieller Fahrgast verständigen sich mithilfe einer ganzen Reihe von Handsignalen. Hat der Fahrer nur noch einen Platz frei, hält er den erhobenen Zeigefinger aus dem Fenster; ist er voll, hält er alle fünf Finger in die Höhe (in einer Art offenem Griff, wie man etwa einen Cognacschwenker hält). An Kreuzungspunkten werden aus den Handbewegungen Richtungsanzeiger, wie auf dem Rollfeld eines Flughafens: ein nach unten wippender Zeigefinger des Fahrgastes bedeutet, dass er im Stadtteil bleibt, also nicht weit fahren will. Eine in die Ferne wippende Hand (als würde man Holz hacken) sagt, der Gast will bis zur Endhaltestelle; ein über den Kopf hinwegwippender Daumen zeigt an, dass der Fahrgast die Route wählen möchte, die hier abzweigt.

Die Fahrt mit der *maquina* kostet in der Regel zehn kubanische Pesos, also umgerechnet vierzig Euro-Cent. Fahrten über Stadtteilgrenzen hinaus kosten zwanzig Pesos; alles weiter Entfernte muss ausgehandelt werden (oder wird an speziellen Haltestellen für weitere Fahrten angeboten). Die meisten Linien starten und enden am Capitolio, im Stadtzentrum, wo es ausreichend Parkplätze für die dicken Schlitten gibt. Ausländer sind akzeptierte Fahrgäste, solange sie die Richtlinien kennen und nicht mit großen Geldscheinen fuchteln und solange sie die wichtigste Regel der Taxigäste einhalten: *No tire la puerta!*, »Schlagt die Tür nicht zu!«, brüllen die Fahrer genervt, wenn wieder jemand die zwar massive, aber in der Mechanik filigrane Tür mit viel zu viel Wucht ins Schloss fallen lässt.

Die *almendrones* bieten eine gute und günstige Gelegenheit, sich in Havanna fortzubewegen und die Stadt kennenzulernen. Die Modellpalette der Wagen ist, auf dem Papier jedenfalls, beeindruckend: Chevy, Cadillac, Oldsmobile, Pontiac, an einem Nachmittag lassen sich die gesamten 1950er-Jahre auf diese Weise erfahren. Allerdings sind viele Sammeltaxis in einem erbärmlichen Zustand, hoppeln scheppernd ohne Stoßdämpfer über die Schlaglöcher, mit eiernden Rädern und Ruß speienden Auspufftöpfen, klackernden Ventilen und sägenden Keilriemen; im Innern ohne Tür- oder Dachverkleidung und mit löcherigen Sitzen, aus denen die Sprungfedern durchstechen.

Wer lieber stilvoll durch Havanna kreuzen will, findet rund um den Parque Central eine Parade der schönsten Straßenkreuzer-Cabriolets in ganz Kuba, bis hin zum 1959 Cadillac DeVille mit sechs Litern Hubraum und messerscharfen Heckflossen, doppelten Rücklichtern in Form von

Gewehrkugeln und einer Überlänge von sechs Metern, die Platz für eine Bar im Fond bietet. Mit der Freigabe des Taxigewerbes wurden vor allem die bei Touristen begehrten Cabriolets zur Goldgrube. Entsprechend stiegen die Preise für die Fahrzeuge, erzählt mir Ariel, der seinen rosafarben lackierten Pontiac Bonneville neben dem Payret-Kino parkt. Das Auto stand 22 Jahre in der Garage, bevor der neue Besitzer es für 27 000 Dollar kaufte – ohne Motor. Inzwischen hat das Auto einen neuen Mercedes-Fünfzylinder-Dieselmotor, deutlich sparsamer als der Werksmotor des Pontiac, dessen Verbrauch großzügig mit 34 Litern auf hundert Kilometer angegeben war. Mit Restaurierung hat der Wagen inzwischen 45 000 Dollar gekostet, ein Vermögen auf Kuba. Und wieso ist der Wagen ausgerechnet rosafarben angemalt? Rosa gefällt den Touristen, sagt Ariel, erstaunt über meine Frage, denn Rosa hat so einen Mafia-Touch. Mafia? Rosa?

Die wahren Helden unter den Besitzern der Straßenkreuzer sind aber nicht die Taxifahrer mit ihren Cabriolets, deren aufpolierte Karosserien darüber hinwegtäuschen müssen, dass unter der Haube meist ein handzahmer Dieselmotor schnurrt. Die Desperados der Straßenkreuzer sind kaum je am Capitolio zu sehen (zu viel Polizei) oder auf dem Malecón (zu viel Salzgischt, die den Wagen frisst). Ihre Fahrzeuge sehen ohnehin nur selten die Straße. Die meiste Zeit verbringen sie aufgebockt in einem Hinterhof, vor neugierigen Blicken der Nachbarn geschützt durch einen rostigen Blechzaun, durch den nur das gelegentliche Knistern des Schweißfeuers dringt und hin und wieder ein herzhafter Fluch. Hier, in den Hinterhöfen von Luyanó, im Cerro, arbeiten die Mechaniker, die nur ein Ziel verfolgen: aus ihren uralten Schlitten das letzte Quäntchen Geschwindigkeit herauszukitzeln. Das sind die Speedfreaks.

Weitgehend im Untergrund hat sich in den vergangenen Jahren eine Dragsterszene herausgebildet, die nach amerikanischem Vorbild auf abgelegenen Straßen Geschwindigkeitsrennen organisiert. Dabei geht es erst in zweiter Linie um die Geschicklichkeit des Fahrers; der Parcours ist schnurgerade und topfeben. Ziel ist es allein, den Wagen maximal zu beschleunigen und eine Viertelmeile so schnell wie möglich zu bewältigen. Es starten immer zwei Fahrer nebeneinander, Mann gegen Mann, Maschine gegen Maschine, der Schnellere gewinnt.

Offizielle Rennstrecken gibt es nicht, im Gegenteil, werden die Rennfahrer von der Polizei erwischt, landen sie im Gefängnis, der Wagen wird konfisziert. Die besten Chancen, einen Dragsterfahrer live zu erleben, gibt es im Parque Lenin, dem weitläufigen, etwas heruntergekommenen Erholungspark südlich von Havanna, wo die Rennfahrer am Wochenende manchmal ihre übermotorisierten Muscle Cars so hoch aufdrehen, dass die Reifen einen schwarzen Donut auf die Straße malen. Oder an einem frühen, hellen Morgen auf der gut ausgebauten Autobahn nach Südosten, wenn ein übermütiger Dragsterfahrer das Pedal durchtritt, den Achtzylinder heulen und den Straßenkreuzer über den Asphalt fliegen lässt, ein Versprechen von Freiheit und Abenteuer, der aufgehenden Sonne entgegen. Und genau so waren die Wagen ja auch ursprünglich gedacht.

Werkstattbericht: Der Anlasser

Eigentlich wollte ich nur meinen Wagen waschen lassen …

Ich besaß selbst ein Auto, als ich noch in Havanna lebte. Einmal gab ich einem Menschen einen Dollar, um mein Auto zu waschen. Am nächsten Tag war das Auto sauber, dafür aber die Tankuhr kaputt. Außerdem gingen keine Lichter mehr, auch kein Blinker, keine Hupe.

Also sagte ich dem Autowäscher, er solle einen Autoelektriker suchen, der das in Ordnung bringen könne. Am nächsten Tag sagte er, die gute Nachricht sei, dass die Lichter wieder gingen und auch die Tankuhr und die Hupe funktionierten. Die schlechte, dass das Zündschloss kaputt sei und das Auto von Hand mit Kabel kurzgeschlossen werden müsse. Aber *no te preocupes*, keine Sorge, ich besorge dir ein neues Zündschloss.

Am wiederum nächsten Tag sagte er, der Elektriker habe den Fehler jetzt gefunden, aber leider gebe es keine neuen Zündschlösser und auch keine alten, gebrauchten. Außerdem habe es, als der Elektriker den Fehler fand, aus dem Anlasser herausgeraucht. Das sei aber sicher nur eine Kleinigkeit. Jetzt müsse man das Auto halt vorübergehend anschieben (nachdem man erst von Hand die Kabel kurzgeschlossen hatte), aber es würde ja recht leicht anspringen.

Dann war Wochenende.

Am Montag sagte der Autowäscher, er schaue mal, ob er einen neuen Elektriker finden könne, der alte sei wohl doch nicht so gut. Am Dienstag fuhren wir gemeinsam zum neuen Elektriker. Der Anlasser war komplett verschmort, also mussten wir einen neuen Anlasser besorgen. Neue Anlasser gibt's nicht, sagte die FIAT-Werkstatt, wir haben eben erst zwei Autos deswegen zurückgewiesen. Da musst du auf den nächsten Container aus Italien warten. (Ich wartete schon seit zwei Containern auf neue Wischerblätter. Wie lange würde ich dann auf einen Anlasser warten?) Aber frag mal bei Dingsda nach, die haben vielleicht welche.

Bei Dingsda hieß es: Neue Panda-Anlasser? Das gibt's vielleicht einmal im Jahr. Keine Chance. Doch wie's der Zufall will, war gerade kurz zuvor einer vom Laster gefallen, den sie mir preisgünstig abgeben könnten. Als der Elektriker den Anlasser einbaute, merkte er, dass die Batterie hinüber war, wohl wegen des Kurzschlusses.

Schließlich lief mein Auto wieder. Ich musste zwar, wenn ich fahren wollte, erst den Zündschlüssel drehen, dann die Nebelscheinwerfer einschalten und einen unter dem Lenkrad verborgenen Knopf für den Anlasser betätigen, aber hey, dafür hatte das Ganze nur 230 Dollar gekostet. Oder 231, wenn ich die Autowäsche mitrechnete.

Wieso gab es in Kuba eine Million Automechaniker, aber keinen, der mein Auto zuverlässig reparieren konnte? Wieso schafften sie es, einen 1957er Chevy am Laufen zu halten, aber nicht einen 1996er Panda? Wieso verkauften kubanische Tankstellen »Castrol Antifreeze« Kühlerfrostschutz für zwanzig Dollar / fünf Liter? Wer kaufte das? Und wieso lagen im Kaufhaus plötzlich russische Fellmützen in der Auslage?

Fidel Castro: Der ewige Revolutionär

Wie wird der Revolutionsführer in die Geschichte eingehen – als Menschenfreund oder als Betonkopf?

Es war heiß; so heiß, wie es nur im Juli in Santiago de Cuba sein kann. Wir waren quer über die gesamte Insel gefahren, um hier im äußersten Osten dabei zu sein, wenn Fidel Castro den Revolutionsfeiertag beging, den Jahrestag des Überfalls auf die Moncada-Kaserne. Die Attacke im Jahr 1953 war ein totales Desaster gewesen, miserabel geplant, dilettantisch ausgeführt, doch in einem Meisterstück an Propaganda war es Castro später gelungen, sie als Beginn der kubanischen Revolution umzudeuten. Deswegen saßen wir hier, im Hof der ehemaligen Kaserne, die inzwischen zu einer Schule umgebaut worden war. Noch immer waren an den Außenmauern die Einschusslöcher vom Überfall zu sehen; sie wurden bei jeder Renovierung sorgfältig erhalten: Revolutionsfolklore. Vorn am Rednerpult stand in der prallen Sonne der alte Mann und redete und redete, ohne Rücksicht auf seine tausend Zuschauer. Vor allem aber ohne Rücksicht auf sich selbst. Fidel Castro nippte kaum am Wasserglas, während er Tirade um Tirade gegen die USA losließ. Danach lobte er die Errungenschaften der kubanischen Revolution, zählte bis ins Detail auf, wie viele Ärzte in diesem Jahr neu ausgebildet worden waren, welches Dorf einen neuen Stromgenerator bekommen hatte. Seine Liebe zu Zahlen war Legende, er kannte die Details des revolutionären Fortschritts besser als seine engsten Mitarbeiter.

Nach zwei Stunden gingen wir, nein, schlichen wir aus der Kaserne. Schlichen, denn Fidel redete immer noch. Santiago de Cuba ist eine fröhliche, wilde, laute Stadt, aber jetzt, während der *Comandante* sprach, herrschte feierliche Stille. Keine Musik war zu hören, als wir durch die Gassen in Richtung Hotel gingen, doch Fidel Castro verfolgte uns. Während seiner Rede übertrug das kubanische Fernsehen auf allen Kanälen dasselbe Programm, nämlich seine Rede, und so schallte die Stimme des Herrschers aus allen Hauseingängen und Fenstern. Im Hotel ruhten wir uns aus, duschten und trafen uns eine Stunde später auf ein Sandwich im Restaurant wieder. Dort lief der Fernseher und im Fernseher die Rede, live, denn: Fidel redete immer noch.

Die Reden Fidel Castros waren legendär, nicht nur wegen ihrer Überlänge. Castro hält den Rekord für die längste je gehaltene Rede vor den Vereinten Nationen, als er im September 1960 vier Stunden und 29 Minuten am Stück redete – nachdem er zuvor angekündigt hatte, er werde sich »kurz fassen«. Zu Hause ließ er sich mitunter noch mehr Zeit: Ein Vortrag vor dem Kongress der Kommunistischen Partei dauerte sieben Stunden und zehn Minuten. Reden vor dem Parlament von fünf und mehr Stunden waren keine Seltenheit; es kam vor, dass die Fernsehteams der ausländischen Sender wichtige Passagen verpassten, weil sie nicht genügend Videokassetten dabeihatten.

Doch obwohl einige Reden endlos waren und auch so schienen, gab es historische Vorträge darunter, die Kubas Geschichte entscheidend prägten. Mit einer Rede erschien

Fidel Castro auf dem historischen Parkett, just nach seinem missglückten Angriff auf die Moncada-Kaserne 1953. Während die meisten seiner Mitkämpfer gefoltert und ermordet worden waren, trat Castro vor Gericht auf und hielt zu seiner Verteidigung eine fulminante Ansprache, in der er die Regierung des herrschenden Diktators Fulgencio Batista für illegal erklärte und alle Missstände in Kuba anprangerte, die seine Revolution auszumerzen sich vorgenommen hatte. Es war eine typische Castro-Rede, voller Pathos über »steinerne Herzen«, voller Aufrufe zum Kampf, voll Siegesgewissheit – erstaunlich für einen jungen Mann von 26 Jahren, der einen brutalen Diktator zum Widersacher hat. Nach vier Stunden schloss Castro trotzig: »Verurteilt mich, das hat nichts zu bedeuten, denn die Geschichte wird mich freisprechen.« Seine Verteidigung wurde zum ersten Manifest der aufkeimenden kubanischen Revolution.

Immer wieder nutzte Castro später das Rednerpult, um Geschichte zu schreiben. Nach der gescheiterten Invasion der Exilkubaner in der Schweinebucht im Jahr 1961 bekannte er öffentlich die Wende Kubas zum Sozialismus. 1979 hielt er eine Rede vor den Vereinten Nationen, die zu einem Manifest der blockfreien und armen Länder der Welt geriet. »Die Ausbeutung der armen Länder durch die reichen muss ein Ende haben«, rief ein erzürnter Castro in die Vollversammlung: »Bomben können die Armen töten, die Hungrigen, die Unwissenden, doch sie taugen nicht dazu, die Armut zu bekämpfen, den Hunger, die Unwissenheit. Ich rede im Namen jener Kinder in der Welt, die kein Stück Brot haben. Im Namen der Kranken, die keine Medizin haben. Im Namen aller, deren Recht auf Leben und Würde nicht geachtet wurde.«

Vor allem aber nutzte Castro die Medien und sein rhetorisches Talent, um den Kubanern seine Sicht der Revolution zu erklären: Oft waren es erschöpfende Referate über die ungerechte Verteilung der Güter in der Welt und über die Intrigen des Imperiums (der USA). Er zitierte komplette Berichte aus der amerikanischen Presse, lange Passagen aus der *New York Times* – einer Zeitung, die seine Kubaner auf Kuba nicht kaufen konnten, weil er es nicht wollte. Die Reden gaben auch die Leitlinien der tagesaktuellen Politik vor. Erhob Castro seinen Zeigefinger, um gegen Korruption im Land zu wettern, schwärmten am nächsten Tag die Korruptionswächter aus. Wetterte er gegen die Prostitution, fuhren noch in der Nacht die Truppentransporter der Polizei durch Havanna, um wahllos junge Frauen aufzugreifen. Ärgerte er sich über einen Korrespondenten der Auslandspresse, konnte der Kollege seine Koffer packen, weil von da an niemand mehr mit ihm geredet hätte.

Für die Kubaner war es wichtig, keine seiner Reden zu verpassen, um zu erfahren, woher der Wind wehte. Es ging bei diesen Gelegenheiten nicht nur um harte Nachrichten oder um die herausragenden Leistungen der kubanischen Landwirtschaft (die am Ende niemals auf dem Teller Niederschlag fanden). In diesen Momenten vereinten sich elf Millionen Kubaner um ein gigantisches Lagerfeuer, um einem Mann und seinen Geschichten zu lauschen. Die Reden erzeugten eine erstaunliche soziale Bindungskraft zwischen dem strengen Patriarchen, der mit erhobenem Zeigefinger die Welt erklärte, und dem Volk, dem nichts anderes übrig blieb, als schweigend zuzuhören. In der dürren Nachrichtenlage auf der Insel fielen die Reden auf fruchtbaren Boden.

Dabei inszenierte sich Fidel aber, anders als andere autokratische Herrscher, nie als Person. Obwohl die kubanische Revolution so eng mit seinem Namen verknüpft ist, als sei sie allein sein Verdienst: Autokratenkult wie jener der Kims in Nordkorea war ihm verhasst. Plakate mit seinem Konterfei, von denen es wenige gab, nutzte er nur, um seine Landsleute an die Ideale der Revolution zu erinnern: Fidel war ein Mann der Inhalte, der Botschaften. Die dicken Mercedes-Limousinen, in denen er vorfuhr, waren ein notwendiges Übel, um ihn vor Anschlägen des amerikanischen Geheimdienstes zu schützen. Die olivgrüne Uniform, die er fast immer bei öffentlichen Auftritten trug, signalisierte Kampfbereitschaft, aber auch: Ich bin immer im Dienst. Berichte aus dem engeren Zirkel zeichnen das Bild eines Mannes, der Akten fraß und Nachrichten verschlang, aber nur wenig schlief (und kaum je feierte).

Wer wissen will, woher Castro kommt und woraus er gemacht ist, muss in den Osten Kubas fahren und dort zwei Orte besuchen: sein Geburtshaus und die Kommandantur in den Bergen.

Das Geburtshaus liegt nahe der Sierra de Cristal, in einer weiten, fruchtbaren Ebene nahe des Weilers Birán. Birán gehört zu den Orten, von denen die Kubaner sagen, dass das Leben dort noch *sana* sei, gesund, unverdorben von den Lastern der Stadt. Man könnte auch sagen: von einer drückenden Langeweile und zu klein, zu eng für einen wachen Geist. Die Finca der Castros war groß, aber nicht spektakulär; ein Herrenhaus, aber kein Palast. Castros Vater war ein Einwanderer aus Galizien in Spanien, mürrisch, diszipliniert, ein harter Arbeiter, der Kuba als spanischer Soldat im kubanischen Unabhängigkeitskrieg kennengelernt hatte. Später kaufte und pachtete er Land und brachte es mit Zuckerrohr zu ansehnlichem Reichtum. Ángel Castro hatte fünf Kinder mit seiner ersten Frau, dann sieben weitere mit seiner Haushälterin, unter ihnen Fidel und Raúl, die späteren Revolutionäre.

Lange Zeit war die Castro-Finca in Birán militärisches Sperrgebiet. Heute darf, wer ein paar Pesos Eintritt bezahlt, die Wohnquartiere der Familie Castro besichtigen, dazu die kleine Landschule, in der Fidel Lesen und Schreiben lernte. Am Ende erzählt einem dann der Geschichtsschreiber der historischen Finca, dass er gerade darüber nachdenke, ob er vor der Finca einen kleinen Kiosk mit Souvenirtrödel bauen soll, »schließlich muss man den Enkeln ja auch irgendwas hinterlassen«. Der Kapitalismus erreicht auch die hintersten Winkel Kubas und macht selbst vor dem Geburtsort des hartnäckigsten Widersachers nicht halt.

Um zu erfahren, wie es auf der Castro-Finca wirklich zuging, besuche ich Castros unbekannten Bruder Martín, der heute nicht mehr auf der Finca wohnt, sondern mitten im Ort, in einem sagenhaft unauffälligen Beton-Fertigteilehaus sowjetischer Bauart. Gerade entlädt sich ein beeindruckendes Gewitter über dem Ort. Mit großer Geduld schrubbt Martín Castro den Boden seines Hauses, schiebt das Regenwasser über die Türschwelle nach draußen. Nichts im Haus deutet darauf hin, dass hier der Bruder der beiden mächtigsten Männer des Staates lebt; das einzige Privileg ist ein Röhrenfernseher chinesischer Bauart, der allerdings gerade kaputt ist.

»Raúl hat als Kind Enten und Vögel gejagt, Fidel dagegen nur gelesen«, erzählt Martín Castro, während der Gewitterregen unablässig auf das Dach prasselt und schwere Donner aus der Sierra de Cristal heranrollen. »Raúl hatte wenig Geduld, er war sehr unnachsichtig und streng. Fidel hatte ein großzügigeres Gemüt.« Im März 1953 war Fidel noch einmal aus Havanna zu Besuch auf die Finca gekommen, wohl um sich von den Eltern zu verabschieden, ohne aber etwas von seinen revolutionären Plänen zu erzählen. Wenig später überfiel er die Moncada-Kaserne, wurde verhaftet, floh ins Ausland. Noch bevor er zurückkehrte und sich in die Berge absetzte, starb der Vater.

»Waren Sie nie in Versuchung, den Rebellen in die Berge zu folgen?«, frage ich Martín Castro.

Der alte Mann schaut nach draußen, in den Regen, und sagt: »Ich liebte immer das Land, die Arbeit auf dem Feld. Rebellion, das war etwas für die Studenten aus der Stadt. Wenn ich mit in die Berge gegangen wäre, wäre ich wahrscheinlich längst tot.«

Als die Rebellen aus den Bergen zurückkehrten, triumphal nach Havanna marschierten, war es mit der Ruhe auf dem Land vorbei. Die Zuckerbarone verließen fluchtartig das Land, und zurück blieben riesige Flächen, die fortan von Kooperativen verwaltet wurden. Die erste Finca, die Fidel Castro nach dem Sieg der Revolution enteignete, war angeblich die Finca seiner Eltern. Seine Mutter, jene Dienstmagd, die durch die Heirat zur Herrin eines stattlichen Anwesens mit 10 000 Hektar Wirtschaftsfläche aufgestiegen war, verzieh ihm das nie, heißt es.

Der zweite Ort, den man gesehen haben muss, um Fidel Castro zu verstehen, ist die *Comandancia*. Die Kommandantur der Rebellen liegt in den Bergen der Sierra Maestra, dem höchsten Gebirgszug Kubas ganz im Osten der Insel. Um dorthin zu gelangen, muss man sein Auto in Santo Domingo parken, dann kommt ein Jeep mit Vierradantrieb angebraust, der einen auf der steilsten Straße Kubas in die Berge katapultiert. Oben angekommen, gilt es, noch einen einstündigen Fußmarsch zu bewältigen; aus Prinzip: Soll keiner sagen, es sei leicht gewesen hierherzukommen.

Fidel und Raúl waren nach der vorzeitigen Entlassung aus dem Gefängnis im Jahr 1955 nach Mexiko geflohen und hatten dort den argentinischen Arzt Che Guevara kennengelernt. Sie kauften über Mittelsmänner eine Zwölf-Personen-

Yacht, die der amerikanische Erstbesitzer zu Ehren seiner Großmutter »Granma« getauft hatte, packten 82 schwer bewaffnete Guerilleros auf das Schiff und machten sich auf nach Kuba. Die Landung geriet zum Desaster, die seekranken Truppen gerieten in einen Hinterhalt, fast alle fielen im Kampf. Fidel überlebte, mit ihm angeblich zwölf Getreue, so will es die Legende, die wohl eher der kubanischen Neigung zur Zahlenmystik geschuldet ist als der Wahrheit: eine Anspielung auf Jesus und seine zwölf Jünger. Jedenfalls waren auch Raúl und Che Guevara unter den Überlebenden, die sich in die Berge der Sierra Maestra zurückzogen. Zwei Jahre lang diente die *Comandancia* den Revolutionären als Kommandostand im Kampf gegen den Diktator Batista.

Heute noch zählt die Gegend zu den schönsten Kubas. Auf dem Weg zur Kommandantur ragen mächtige Palmen aus dem Wald, Schlangen winden sich durchs Laubwerk, und immer wieder gibt der Weg atemberaubende Ausblicke in tiefe Täler frei. Warum sich die Rebellen gerade an diesen Ort zurückgezogen hatten, wird unmittelbar klar: Wer hierhergelangen will, muss fit sein — der dichte Wald gibt Deckung gegen Flugzeugangriffe, und das unwegsame Gelände eignet sich perfekt für Hinterhalte. Die Truppen Batistas schafften es nie, die Kommandantur einzunehmen. Als Batista stattdessen das Gerücht in Umlauf brachte, Castro sei längst tot, lud dieser den *New York Times*-Reporter Herbert L. Matthews ein, ihn zu besuchen, und posierte mit einem Gewehr für den Amerikaner, der im Gegenzug eine freundliche Reportage schrieb, in der Castro zitiert wird mit den Worten: »Wir kämpfen für ein demokratisches Kuba!«

Die Hütte im Wald, in der Fidel residierte, ist noch heute gut erhalten. Ein Kühlschrank steht darin, ein Bett und roh gezimmerte Regale für die Bücher. Eine Falltür im Fußboden sollte es Castro ermöglichen, im Fall eines Angriffs den steilen Abhang hinabzuflüchten. Als ich den Führer, der uns den Weg hierher begleitet hat, frage, warum es keine Moskitos gebe, sagt er allen Ernstes und mit feierlichem Unterton: »Weil dies Fidels Hütte ist.«

Wer vor der Hütte steht, den Bach murmeln hört, der sich unterhalb des Häuschens durch den Wald windet, den Tocororo rufen hört und diese Mischung aus Idylle und Einsamkeit, aus Wildnis und grüner Ödnis auf sich wirken lässt, dem drängt sich der Gedanke auf: Nur ein Verrückter könnte glauben, von hier aus den Präsidenten in Havanna zu stürzen. Nur ein Besessener nimmt es in diesen verlorenen Bergen mit einem Diktator auf, der in einem Palast voller Marmor haust, dem Tausende Männer unter Waffen zur Verfügung stehen und dessen Geheimpolizei wahllos Widerständlern die Augen aus dem Kopf reißt, um die Gepeinigten danach qualvoll zu Tode zu foltern und als Warnung in die Straßen zu werfen.

Doch je grimmiger Batista die Rebellen bekämpfte, umso zahlreicher lief die Landbevölkerung zu ihnen über. Batista bombardierte Dörfer, Che Guevara hielt in den Bergen Sprechstunde als Arzt für kranke Kinder. Batista ließ Kollaborateure unter den Bauern ermorden, doch Castro ließ die Soldaten laufen, die seine Leute gefangen nahmen: »Wir haben nichts gegen die Armee. Viele Soldaten, sogar viele Offiziere sind gute Leute«, sagte er scheinbar großherzig dem *Times*-Reporter Matthews. In Wahrheit wusste Castro, dass er diesen asymmetrischen Krieg der bärtigen Waldbewohner gegen den glatt rasierten Palastbewohner nur gewinnen konnte, wenn er das Volk für sich einnahm.

Am 1. Januar 1959 floh Fulgencio Batista mit einer Nachtmaschine aus Havanna in die Dominikanische Republik: Der Sieg der kubanischen Rebellen war eine Zeitenwende für Lateinamerika; überall organisierten sich Rebellengruppen nach dem Vorbild von Fidel Castro und seinen zwölf Jüngern. Doch nirgendwo gelang es, das kubanische Modell erfolgreich zu kopieren; nicht einmal Che Guevara selbst hatte Erfolg damit: Als er in Bolivien versuchte, mit ein paar Getreuen die Landbevölkerung für die Revolution zu mobilisieren, geriet er in einen Hinterhalt, wurde gefangen genommen und erschossen. In Nicaragua gelangten die Sandinisten zwar an die Macht, erwiesen sich dann aber als ebenso unfähig und korrupt wie ihre Vorgänger. In Kolumbien degenerierte die FARC zu einer Terror- und Drogenhandelsorganisation, verstrickt in einen jahrzehntelangen Bürgerkrieg mit rechten Paramilitärs.

Dem Mythos Kuba hat das nicht geschadet. Zwar werden die Kubaner in Lateinamerika ob mangelnder Freiheiten mitunter bemitleidet, doch zugleich auch beneidet um ihr Gesundheitswesen, die sicheren Straßen ihrer Städte und die Tatsache, dass Drogenbanden auf Kuba keinen Fuß fassen konnten. Studentinnen aus Bolivien, Kolumbien, Argentinien, Venezuela, die ein Semester in Havanna verbrachten, erzählen mit leuchtenden Augen vom Zusammenhalt der Studierenden und dass sie nachts als Frau allein auf der Straße unterwegs waren, ohne Angst – undenkbar in weiten Teilen Lateinamerikas.

Bewundert wird Fidel Castro auf dem Kontinent vor allem auch dafür, dass er jahrzehntelang den USA die Stirn geboten hat. Oder, wie es auf riesigen Plakaten entlang der Straße zur Schweinebucht in der kubanischen Provinz Matanzas heißt, den »Yankees die erste Niederlage auf amerikanischem Boden« zugefügt hat. Im April 1961 versuchten 1400 Exilkubaner, in der Bucht zu landen und einen Brückenkopf zu errichten. Dorthin sollte dann eilig eine »Exilregierung« aus Miami eingeflogen werden, die die Regierung der USA um »Hilfe« bitten und so einen Vorwand für eine Invasion liefern sollte: ein inszenierter Volksaufstand gegen Fidel Castro und seine Regierung.

Der perfide Plan war vom amerikanischen Geheimdienst CIA ausgeheckt und vom Präsidenten John F. Kennedy abgesegnet worden. Die CIA-Planungsgruppe für das Unternehmen zählte zeitweise fast 600 Mann. Zur Invasionsarmee gehörten etliche ehemalige Agenten des Geheimdienstes von Fulgencio Batista – jener Mörderbande, die Hunderte Oppositionelle grausam getötet hatte – und Söhne von Großgrundbesitzern, deren Familien alles Land auf Kuba verloren hatten. Doch das Unternehmen scheiterte auf ganzer Linie. Das kubanische Militär versenkte zwei Schiffe und schoss zwei amerikanische B-26-Bomber ab. Die Invasionsarmee der Exilanten wurde in drei Tagen aufgerieben; auch weil die Bewohner der Gegend hinter der Schweinebucht zur ärmsten Bevölkerungsschicht gehörten, also zu jenen, die mit neuen Schulen und Krankenhäusern am meisten von den Segnungen der kubanischen Revolution profitierten.

Die völkerrechtswidrige Attacke prägte auf Jahre hinaus das Verhältnis zwischen Kuba und den USA. Den Kubanern führte die Schweinebucht drastisch vor Augen, dass sie in unmittelbarer Reichweite der amerikanischen Bomberflugzeuge lagen, die während der Invasion kubanische Militärflughäfen bombardiert hatten. Am Malecón wurden Flugabwehrkanonen montiert, nach Norden gerichtet. Zudem lebte die Bevölkerung in Havanna mit ständigen Sabotageakten, Bombenattentaten auf Kaufhäuser und Stromversorgung, organisiert von den USA aus.

Nach dem Scheitern der Invasion in der Schweinebucht rief Präsident John F. Kennedy die Operation »Mongoose« ins Leben, die quer durch alle Abteilungen der Regierung ging: »CIA und Militärs und das Handelsministerium, Einwanderungsbehörde, Finanzministerium, Gott weiß wer –

alle waren an Mongoose beteiligt«, sagte der CIA-Agent Samuel Halpern später. Zu den genialen Plänen, die dabei ausgearbeitet wurden, gehörten Terroranschläge in Miami (»auch mit Verwundeten, wenn es sein muss«), die dann den Kubanern in die Schuhe geschoben werden sollten. Ein anderer Plan sah vor, einen Angriff auf die US-Militärbasis in Guantánamo zu simulieren, sogar ein Schiff im Hafen in die Luft zu jagen, um damit einen Vorwand für die Invasion auf Kuba zu schaffen.

Der eigentliche Kern der Operation »Mongoose« aber war, Fidel Castro zu ermorden. Dafür trafen sich CIA-Agenten auch mit Vertretern der US-amerikanischen Mafia, brachten ihnen Giftpillen mit und 10 000 Dollar in bar, um damit die Ermordung Fidel Castros zu finanzieren. Als dieser Plan scheiterte, schickte die CIA einen eigenen Agenten mit einer Giftspritze auf die Insel. Danach kam der Versuch, Castro lächerlich zu machen, indem ihm vor einer öffentlichen Rede LSD ins Essen gemischt werden sollte oder ein Mittel zum Haarausfall, damit er seinen Bart verlor und so quasi nackt vor seinem Volk gestanden hätte. Dazu überlegte man, und das ist kein Karnevalsscherz, eine explodierende Zigarre in den Humidor des *Máximo Líder* zu schmuggeln. Außerdem im Programm: explodierende Muscheln, um Castro beim Tauchen zu töten, vergiftete Tauchausrüstung, Taschentücher, Eiscreme, Tee und Kaffee.

Auch die Deutsche Marita Lorenz ließ sich von der CIA anheuern. Sie war 1959 als Neunzehnjährige eine Geliebte Fidel Castros gewesen, nachdem sie als Kapitänstochter auf einer Karibikkreuzfahrt nach Havanna gelangt war und bei einem Bordbesuch den Revolutionsführer kennengelernt hatte. Sie blieb in Havanna und lebte einige Zeit mit Castro. Später kehrte sie mit Giftpillen der CIA nach Havanna zurück, spülte sie aber ins Klo, anstatt sie Castro zu verabreichen. Doch Castro wusste, weshalb sie zurückgekommen war, und laut Marita Lorenz entspann sich folgender Dialog zwischen den beiden, der jedem Hollywood-Film zur Ehre gereicht hätte:

»Bist du gekommen, um mich zu töten?«, fragte Castro die junge Frau.

»Ja«, habe sie geantwortet, »aber auch, um dich zu sehen.«

Castro gab ihr darauf seinen Revolver und sagte: »Du kannst mich nicht töten. Niemand kann mich töten.«

Lorenz prüfte das Magazin, die Waffe war geladen. Doch Castro hatte recht: Sie konnte es nicht.

Die CIA jedenfalls hat es nach allen Regeln der Kunst versucht. Der kubanische Geheimdienstchef Fabián Escalante zählte nach eigenen Angaben 638 Versuche, Castro zu ermorden; wohl eine Fantasiezahl. Die CIA hat immerhin acht Versuche zugegeben. Operation »Mongoose« wurde angeblich 1965 eingestellt, doch der linke amerikanische Intellektuelle Noam Chomsky vermutet, dass das Programm bis weit in die 1970er-Jahre hinein fortgesetzt wurde und den amerikanischen Steuerzahler jährlich mehr als fünfzig Millionen Dollar kostete. Noch im Jahr 2000 versteckte der Exilkubaner Luis Posada Carriles, der jahrelang auf der Gehaltsliste der CIA stand, bei einem Staatsbesuch Castros in Panama neunzig Kilo Sprengstoff unter der Rednertribüne. Kubanische Agenten entdeckten das Mordkomplott rechtzeitig.

Das Scheitern all dieser Mordpläne lässt den mächtigsten Geheimdienst der Welt wie einen Dilettantenschuppen aussehen, doch es hat das Leben auf Kuba über die Jahre nachhaltig geprägt. Fidel Castro hatte im Kampf gegen das benachbarte Imperium seine Lebensaufgabe gefunden. Die permanente Bedrohung durch den übergewichtigen Nachbarn im Norden erlaubte es der kubanischen Regierung, die eigene Bevölkerung eisern im Griff zu halten. Überall in Lateinamerika unterwanderte die CIA Gewerkschaften, Parteien, Bürgerorganisationen; in Chile unterstützte sie 1973 die Ermordung des gewählten Staatschefs Salvador Allende. Auch deswegen wollte Castro eine »Bürgergesellschaft« nie zulassen.

Anstatt den demokratischen Dialog auf Kuba zu fördern, wie die zahllosen Spionageprogramme vorgaben, verhinderte das Geld aus dem Norden jegliche Oppositionsarbeit. Als Kuba 2003 im schwarzen Frühling 75 Oppositionelle vor Gericht stellte und zu langen Haftstrafen verurteilte, breitete der kubanische Geheimdienst genüsslich Informationen über Geldtransfers aus, die einige der Oppositionellen aus den USA bekommen hatten – organisiert über die US-Interessenvertretung in Havanna. Noch 2009 wurde der amerikanische IT-Techniker Alan Gross auf Kuba verhaftet, nachdem er Satellitentelefone ins Land geschmuggelt hatte, womit die jüdische Gemeinde Havannas ein geheimes Kommunikationsnetz aufbauen sollte. Gross behauptete, er sei im Namen einer humanitären Organisation unterwegs, in Wahrheit wurde er von »USAID« bezahlt, einer staatlichen Entwicklungshilfeorganisation der USA, die bekannt dafür ist, der CIA als Scheinfirma zu dienen. All dies stärkte die kubanische Regierung in ihrem Wahn, das Leben auf der Insel bis in den hintersten Winkel zu überwachen und in einer Art permanentem Kriegszustand nach Feinden zu suchen.

Am Ende profitierte nur einer von all den vergeblichen Aktionen der CIA: Fidel Castro, dessen jugendlich großspuriges Unsterblichkeitsdogma – »Niemand kann mich umbringen!« – bis ins hohe Alter Bestand hatte und einen Mythos schuf. Als Fidel noch das Land regierte, sahen die meisten Kubaner mit einer Mischung aus Furcht und Ehrfurcht zu ihm auf. Seinen Namen öffentlich auszusprechen galt als Sak-

124

rileg und führte sofort zu verschreckten Schulterblicken: Hört uns jemand zu? Stattdessen entwickelten die Kubaner eine Reihe von Gesten, die »Fidel Castro« sagten, ohne es auszusprechen: Wer mit der Hand einen imaginären langen Vollbart unter dem Kinn umfasste, meinte den »Bärtigen«; wer sich mit Zeige- und Mittelfinger auf die eigene Schulter klopfte, deutete die Schulterklappen des Ranghöchsten an, den *Comandante en Jefe*, den Chef aller Chefs.

Als Fidel noch an der Regierung war, schien es undenkbar, dass das Ende dieser Regierungszeit weniger als mindestens ein Erdbeben in der kubanischen Politik und Gesellschaft auslösen würde: Fidel war Kuba, und Kuba war Fidel. Als er dann aber am 31. Juli 2006, immerhin schon 79 Jahre alt, an einer Darmentzündung erkrankte und fast daran starb, und er daraufhin die Macht an seinen Bruder Raúl übergab, passierte – nichts. Das Leben in Kuba nahm seinen täglichen Lauf; Fidel meldete sich nur von Zeit zu Zeit mit allgemeinen »Betrachtungen« in der Parteizeitung *Granma* zu Wort, und Raúl begann behutsam, Wirtschaft und Gesellschaft zu öffnen. Nicht unbedingt zur Zufriedenheit seines Bruders, der in einem Gespräch mit einem amerikanischen Reporter im Jahr 2010 launig scherzte, »das kubanische Modell funktioniert ja nicht einmal für uns selbst«. Danach war Castro nur noch selten in der Öffentlichkeit, dann meist gekleidet in farbenfrohe Jogginganzüge, und jedes Mal staunten die Menschen: Kann es sein, dass der eiserne Revolutionsführer plötzlich so alt geworden ist? Ein Greis?

Was bleibt von Fidel Castro? Das muss die Geschichte zeigen. Wird er als Prototyp des Guerillero und Revolutionär in die Historie eingehen – oder als alter Betonkopf, der unfähig war, sein Modell einer revolutionären Gesellschaft in die Gegenwart zu führen? Als Wohltäter, der Krankenhäuser bauen ließ – oder als Diktator und Kerkermeister?

An der Einfahrt nach Santiago de Cuba, jener Stadt, die Fidel Castro zur »Heldenstadt« hochstilisierte, zur ewig heroischen Hochburg der Rebellen, prangt lange nach dem Abtreten des greisen Revolutionsführers ein Zitat Fidel Castros, das in seiner Offenheit frappiert: »Und sollte es am Ende nur noch einen Kubaner geben, der an die kubanische Revolution glaubt, dann werde ICH dieser Kubaner sein.« Wenige Kilometer weiter ließ sein Bruder und Nachfolger Raúl ein Plakat mit seinem eigenen Konterfei aufstellen, das mit einem Zitat den nüchternen Pragmatismus des jüngeren Castro grimmig auf den Punkt bringt: »Genug geredet. Jetzt wird hart gearbeitet!« Raúl Castro könnte als der Gorbatschow des kubanischen Sozialismus in die Geschichte eingehen, als derjenige, der ein in Jahrzehnten verkalktes System aus seiner Erstarrung erlöst hat. Oder, je nach Blickwinkel, als der Totengräber des gerechtesten Systems, das es auf amerikanischem Boden je gegeben hat.

»Die Geschichte wird mich freisprechen«, sagte Fidel Castro in seiner ersten berühmten Rede, doch das muss sich zeigen. Am Ende wird es darauf ankommen, wer diese Geschichte schreibt. Aber sicher ist: Mit der Geschichte Kubas und Lateinamerikas wird der Name Fidel Castro auf alle Zeiten verbunden sein.

Überwachung: Meine Akte

Irgendwo in der kubanischen Stasi-Zentrale hängt eine Dokumententasche, die meinen Namen trägt.

Als ich 1998 zum ersten Mal nach Kuba reiste, war ich überrascht: Kuba war eine Diktatur, und in meiner Vorstellung musste eine Diktatur auch ein Polizeistaat sein. Aber ich sah viel weniger Polizisten, als ich erwartet hatte; und diejenigen, die da an den Ecken standen, zu zweit oder dritt in verwaschenen blauen Uniformen, machten keinen besonders einschüchternden Eindruck. Zumeist waren es junge Kerle aus der Provinz, die in Gegenwart eines Ausländers eher unsicher wurden. Und mit dieser Polizei soll ein Volk unterdrückt werden?

Das war, natürlich, eine naive Frage. Die Polizisten auf den Straßen waren und sind eher eine symbolische Präsenz, eine Geste des Staates. Und bei den Einheimischen verfehlten sie ihre Wirkung nicht: Frauen und Männer in Begleitung von Ausländern wurden ständig von den Polizisten angehalten und um die Papiere gebeten. Wer an den Falschen geriet oder keine passenden Papiere vorzuweisen hatte, verbrachte mindestens die Nacht auf der Polizeiwache. Wer mit einem Rucksack unterwegs war, konnte sich einigermaßen sicher sein, mehrmals von Polizisten angehalten zu werden, verbunden mit der Aufforderung, den Rucksack zu öffnen und zu beweisen, dass sich keine Schwarzmarktware darin befand. Das galt vor allem, wenn der Rucksackträger schwarzer Hautfarbe war. Die kubanische Polizei, obwohl selbst mehrheitlich schwarz (abgesehen von den höheren Diensträngen und den Motorradstaffeln der Verkehrspolizei), war alles andere als farbenblind.

Wenige Wochen nach meiner Ankunft verschärfte sich das Klima auf der Straße. Die Verschärfung kam, wie immer in solchen Fällen in Kuba, aus dem Nichts: Plötzlich stand bei den Bütteln in den blauen Hemden jeweils ein weiterer Uniformierter, mit olivgrünem Hemd. Diese Männer waren, so lernte ich bald, vom Innenministerium und versetzten meine kubanischen Begleiter in nackte, kalte Panik. Wer von einem MININT-Uniformierten kontrolliert wurde, konnte in ernsthafte Schwierigkeiten geraten. Auch, weil sowieso alle Kubaner in der Hauptstadt in irgendetwas verwickelt waren, was gegen das Gesetz, irgendeine Bestimmung oder wenigstens gegen die revolutionäre Etikette verstieß: Schwarzmarktgeschäfte, keine explizite Aufenthaltsgenehmigung für die Hauptstadt, abgelaufene Arbeitspapiere. All das war, natürlich, Teil des Systems: Wer immer mit einem Bein im Gefängnis steht, hält sich bedeckt und begehrt nicht auf. Mit mir hatte das alles nichts zu tun. Noch nicht.

Das änderte sich, als ich meine spätere Frau kennenlernte. Zu diesem Zeitpunkt wurde die Straße für Kubaner in Havanna allmählich zu heiß. Zu den grünen Polizisten gesellten sich nun welche in schwarzen Uniformen, in deren Dienstanweisung das Wort »breitbeinig« offenbar auf alle Seiten gestempelt worden war. An einer kurzen Leine hielten sie scharf trainierte Deutsche Schäferhunde. Polizei-Lastwagen, die eigentlich zum Transport von Polizisten aus Kasernen in die Stadt gedacht waren, fuhren durch die Altstadt und sammelten alle ein, die irgendwie verdächtig aussahen. Das galt per Definition für die meisten jungen Frauen, die allein unterwegs waren. Hatte zuvor die Begleitung eines Ausländers noch einen gewissen Schutz geboten – die Polizei hatte zwar nichts dagegen, ihre Landsleute zu drangsalieren, wollte den Touristen aber nicht den Urlaub verderben –, kehrte sich das nun ins Gegenteil um. Wer mit einem Ausländer erwischt wurde, mit dem er oder sie nicht verheiratet war, wurde sofort verhaftet.

Ausgehen wurde schwierig für meine spätere Frau und mich. Auf der Straße mussten wir so viel Abstand halten, dass wir nicht den Verdacht erweckten, wir seien zusammen unterwegs. Gingen wir in ein Restaurant, reisten wir in getrennten Fahrradtaxis an und versuchten, für die Rückfahrt ein Taxi mit verdunkelten Scheiben zu finden. An manchen Abenden saßen wir stundenlang in einer Bar, weil wir merkten, dass draußen vor der Tür ein Polizist stand, der es darauf abgesehen hatte, meine Freundin zu verhaften. Irgendwann wurde es allen zu bunt, und wir entwischten.

Die Gefahr war durchaus real. Die spätere Frau eines Freundes wurde eines Nachts auf der Straße ohne erkennbaren Grund von Polizisten verhaftet und drei Tage und Nächte auf der Wache festgehalten, bis sie ein Papier unterschrieb, in dem sie zugab, Beziehungen zu Ausländern gehabt zu haben. Statt dadurch freizukommen, wie es die Polizisten der (naiven) jungen Frau versprochen hatten, landete sie wenige Tage später vor Gericht, mit einem Dutzend weiterer Frauen, die allesamt zu mehreren Jahren »landwirtschaftlicher Unterstützungsarbeit« verurteilt wurden – Maniokernte unter glutheißer Sonne in der Provinz Camagüey. Meinem Freund gelang es schließlich, sie in zweiter Instanz freizubekommen.

129

Als Journalist war ich am Internationalen Pressezentrum in Havanna akkreditiert. Die Akkreditierung galt immer nur befristet für ein Jahr. Auch dies war durchaus eine Drohung; bei mangelndem Wohlverhalten konnte die Verlängerung verweigert werden. Dabei wurde allerdings nie »mangelndes Wohlverhalten« konstatiert, die Gründe blieben immer vage – es gebe zu wenig Kapazitäten, die Journalisten zu betreuen, es sei Zeit für einen Wechsel oder Ähnliches. Was genau unter »mangelndes Wohlverhalten« fiel, war ebenso nie ganz klar. Kritik an der kubanischen Führung war durchaus akzeptiert, solange Fidel Castro nicht persönlich beleidigt wurde. Bezeichnungen wie »Tyrann«, »Diktator«, »Despot« waren im Prinzip tabu und wurden zum Problem, wenn sie von Redakteuren in der Heimat in die Texte hineinredigiert wurden. Wer sich den unausgesprochenen Regeln einfach widersetzte, dem erging es wie dem Kollegen einer großen Nachrichtenagentur, der Fidel Castro mit seinen Recherchen über die wirtschaftliche Krise des Landes so nachhaltig verärgert hatte, dass sich ein zweistündiges Programm der Staatsmedien mit dem »Pinocchio« der Auslandspresse befasste. Am nächsten Tag erschienen verschiedene »Pinocchio«-Karikaturen in der Parteizeitung, und Castro selbst wetterte in einer Rede über den ausländischen Journalisten, der nur Lügen über Kuba verbreite. Danach war der Korrespondent journalistisch auf Kuba erledigt: Kein Informant, kein Kubaner wollte mehr mit ihm reden. Wenige Wochen später reiste er ab.

Im Pressezentrum gab es einen Offizier des Geheimdienstes, der speziell für uns Journalisten zuständig war. David war ein schmächtiger, freundlicher älterer Herr mit grauen Haaren, schmaler Brille und Aktenköfferchen, mit dem ich nur ein einziges Mal zu tun hatte. Das kam so: Ich hatte einen kubanischen Anwalt gebeten, ein Schreiben aufzusetzen, dass meine Freundin und ich uns in Ehe-Vorbereitungen befänden. Der Brief, so unsere Hoffnung, würde Polizisten auf der Straße überzeugen, dass es sich bei uns um ein legitimes künftiges Ehepaar handelte, und meine Frau vor der Verhaftung bewahren. Kurze Zeit später saß ich im Pressezentrum und wartete auf irgendeine Pressekonferenz, als David, Aktenköfferchen in der einen Hand, Akten in der anderen, zielsicher auf mich zusteuerte und sich ein kafkaesker Dialog entspann:

David: »Ich wollte Ihnen nur sagen, dass Ihr Problem gelöst ist.«

Ich hatte keine Ahnung, wovon er sprach, und antwortete fragend: »Äh, ja?«

David: »Ja, wie gesagt, ich wollte Ihnen nur sagen, dass Ihr Problem gelöst ist.«

Darauf ich, halb im Scherz: »Ich wusste nicht, dass ich ein Problem hatte, aber wenn Sie mir sagen, dass es gelöst ist, kann ich Ihnen gar nicht sagen, wie froh ich bin.«

Erst Tage später wurde mir klar, dass David sich wohl auf den Brief bezogen hatte.

Ein nach Spanien übergelaufener Mitarbeiter der kubanischen Staatssicherheit behauptete einmal, dass für jeden ausländischen Journalisten dreißig Mitarbeiter der Staatssicherheit abgestellt seien. Die Zahl lässt sich nicht überprüfen und gilt, wenn überhaupt, sicher nur für die wichtigen Mitarbeiter großer Medien und Nachrichtenagenturen. Aber jeder ausländische Journalist auf Kuba weiß, dass seine Bewegungen überwacht werden. Ein ausländischer Reporter, der als Tourist eingereist war, erzählte später, dass er während der Recherche immer wieder von Kubanern auffällig unauffällig fotografiert wurde, wenn er Menschen interviewte. Ein akkreditierter Kameramann, der aus dem fahrenden Auto filmte, merkte, dass ein Moskvich – ein typisches Auto eines Parteikaders –, der seit einigen Kilometern hinter ihnen herfuhr, auch auf freier Autobahn partout nicht überholen wollte. Kurze Zeit später wurde der Kameramann von einem Polizeiwagen angehalten, Zivilstreife, und auf die Wache verfrachtet.

Als wir in Centro Havanna eine neue Wohnung bezogen, begann der Nachbar auf der Straßenseite gegenüber, auf dem Balkon zu lesen. Der arme Mann quälte sich über Wochen durch ein und dasselbe Buch, in eindeutig unbequemen Sitzpositionen auf dem sonnenbeschienenen, viel zu engen Balkon. Eine andere Nachbarin, Vorsitzende des Komitees zur Verteidigung der Revolution, stand oft ungefragt plötzlich im Wohnzimmer, um zu plaudern oder sich etwas Öl zum Kochen auszuleihen (es war nicht ungewöhnlich, die Tür zum Apartment offen stehen zu lassen – im Gegenteil, sie immer verschlossen zu halten, hätte bedeutet, wir hätten etwas zu verbergen). Einmal, auf einer Reise in die Provinz für eine Geschichte über den kubanischen Staatszirkus, durchwühlte die Zimmerwirtin unser Gepäck. Sie tat es vorsichtig, aber auch auffällig genug, dass wir es bemerken mussten. Ein anderes Mal, als ich tatsächlich nur zum Familienbesuch nach Kuba gereist war, tauchte im Haus meiner Schwiegereltern im Osten Kubas eine entfernte Bekannte auf, die mich aber sofort erkannte und gleich auszufragen begann: Warum ich noch nach Havanna reisen wollte? Ob ich immer noch als Journalist arbeite? Arbeitskräfte sind billig auf Kuba – und meist willig, wenn das Innenministerium anfragt.

Wenn ich zu Dissidenten und Staatsfeinden fuhr, um sie zu interviewen, nahm ich in der Regel Sammeltaxis, um nicht gleich mit dem Presseauto samt Pressenummernschild vorzufahren. An der Eingangstür spürte ich die Blicke im

Rücken, so wie sich Biologen im Urwald unwillkürlich die Nackenhaare aufstellen, wenn sie merken, dass sie von einem Puma beobachtet werden, ohne selbst den Puma sehen zu können. Die Dissidenten wussten selbstverständlich genau, wo ihre Stasi-Spitzel saßen, »dort drüben, in dem Apartment mit den Vorhängen« (Wer hat Vorhänge auf Kuba?). Wohnungen von Dissidenten werden rund um die Uhr überwacht, und jeder Besuch vor Ort bedeutet einen Eintrag in die Akte. Kontakte mit Dissidenten sind auf Kuba über lange Zeit hinweg toxisch für das professionelle Überleben, wie akkumulierte Strahlung auf einem Geigerzähler.

Ein kubanischer Journalist, mit dem ich auf Presseterminen zwei-, dreimal nett geredet hatte, um mir die Zeit zu vertreiben, lud mich einmal unvermittelt zu einem Bier ein, überschwänglich, unter Kollegen, um zu plaudern. Nach einem harmlosen Austausch über eine halbe Stunde (das zweite Bier lehnte ich dankend ab), meinte er euphorisch, das sei doch nun toll gewesen, das sollten wir öfter machen, einfach mal Kontakt halten, so von Kollege zu Kollege.

Mit den Jahren wird das Gehör feiner. Wenn nahezu Unbekannte einem erzählen, wie abgewrackt das kubanische System sei, kann man sich als ausländischer Journalist sicher sein, dass man es hier mit einem Köder zu tun hat, der ausgelegt wurde, um zu prüfen, ob man bei dem Thema anbeiße. Kubaner erzählen nicht aus freien Stücken, dass Fidel Castro ein Verbrecher ist oder dass sie wegen ideologischer Verfehlungen im Gefängnis saßen (außer sie sind »öffentliche Dissidenten«, die ohnehin nichts mehr zu verlieren haben). Solche Geschichten sind in der Regel erfunden, wenn sie leichtfertig erzählt werden. Wenn sie wahr sind, bleiben sie meist unter Verschluss, auch weil den Betroffenen nahegelegt wurde, den Kontakt zu Ausländern zu vermeiden.

Ich kenne meine Akte bei der kubanischen Stasi nicht und weiß nicht, ob sie je öffentlich wird. Ein paar Dissidentenbesuche sind wohl darin verzeichnet, ein paar missliebige Berichte; manche mit unerfreulichen Folgen. Einmal, nach einer Reportage für das Magazin *GEO*, bekam ich plötzlich kein Visum mehr. Ein spanischer Blogger hatte meine Reportage als konterrevolutionär denunziert: Die härtesten Revolutionswächter sitzen heute nicht mehr auf Kuba; es sind ausländische Unterstützungsorganisationen, Freundschaftsklubs, Solidaritätskomitees, die sich mit dem kubanischen Alltag nicht herumschlagen müssen, aber die auf keinen Fall zulassen wollen, dass ihr sozialistisches Tropenparadies einmal untergeht. Der Blogeintrag machte auch auf kubanischen Blogs die Runde, und plötzlich wandten sich ehemalige Gesprächspartner von mir ab. Mein Visumsantrag vermoderte monatelang unbearbeitet in der kubanischen Botschaft in Berlin, bis das Reisedatum abgelaufen war.

Wahrscheinlich liegen in meiner Stasi-Akte auch noch ein paar handgeschriebene Berichte des Nachbarn vom Balkon gegenüber, der lesend in der Sonne briet, während wir kühles Bier tranken und Domino spielten. Außerdem wohl eine Kopie des Anwaltsbriefes, in dem meine Frau und ich unsere Ehe-Absichten erklären. Dazu wahrscheinlich eine Liste aller Dinge, die mir bei einem Wohnungseinbruch in Vedado einmal gestohlen wurden. Ein geduldiger Polizist hatte sich zwei Stunden lang mit mir hingesetzt und alles handschriftlich notiert, was fehlte: ein Hemd, blau, kariert, kurzärmelig, Marke unbekannt; ein Hemd, weiß, kurzärmelig, Marke unbekannt, und so fort; und natürlich mein Laptop. Mein Verdacht war ohnehin, dass der Laptop längst in Händen der Stasi war, als der Polizist die Liste erstellte.

Heute durchschaue ich das System viel besser als zu Beginn meiner Kuba-Zeit. Ich bin nicht mehr naiv: Der kubanische Inlandsgeheimdienst gehört immer noch zu den effektivsten des amerikanischen Kontinents. Daran haben auch die jüngsten, vorsichtigen Reformen auf Kuba nichts geändert. Heute habe ich verstanden, was alle Dissidenten längst wissen und viel schmerzlicher als ich erfahren haben: Am Ende gewinnt immer die Stasi. Das ist das Perfide: Je besser man das System versteht, umso besser funktioniert es, und umso weniger gelingt es, ihm zu entkommen. Paranoia ist Teil des Systems, besser gesagt: Paranoia ist das System. Auch langjährige Freunde können dich verraten oder arbeiten seit jeher für die andere Seite, weshalb sie überhaupt erst deine Freunde wurden. Das bedeutet: Traue niemandem. Deine Leine ist nur so lang, dein Käfig nur so groß, wie die Stasi es erlaubt. Normale menschliche Beziehungen sind für Ausländer, die unter besonderer Beobachtung stehen, unter diesen Umständen schwierig; Freundschaften kaum möglich.

Auch deswegen lebe ich nicht mehr in Havanna, sosehr mir die Stadt ans Herz gewachsen ist.

Landwirtschaft: Die grüne Wende

Was sind die drei größten Erfolge der Revolution? Gesundheit, Bildung und Sport. Und was die drei größten Misserfolge? Frühstück, Mittagessen, Abendessen. Aber jetzt gibt es Landwirte, die den Aufbruch wagen in eine erstaunlich grüne Zukunft der kubanischen Landwirtschaft.

Havanna ist eine Millionenstadt, die morgens zum Hahnenschrei erwacht: Verdammtes Federvieh, denkt sich der Urlauber, doch in Wahrheit ist das Gockelgeschrei eine Fanfare für die ökologische Wende Kubas.

Havanna, eine Metropole mit fast zwei Millionen Einwohnern, versorgt sich zu großen Teilen autark: Keine andere Großstadt der Welt hat das Konzept der urbanen Agrikultur so konsequent durchdacht und umgesetzt wie die kubanische Kapitale. Geflügel wird auf vielen verfügbaren Hausdächern gezüchtet. In mehr als 8000 Gärten auf dem Stadtgebiet werden fast fünfzig Prozent (!) allen im Land produzierten Gemüses gezogen. Als Anbaufläche dient, was immer gerade verfügbar ist: Grünflächen in den Außenbezirken, die Hinterhöfe eingestürzter Ruinen im Stadtzentrum, Brachflächen neben den Ausfallstraßen, Gärten, Dachgärten, Balkone.

Während in amerikanischen Großstädten wie New York jeder Salatkopf aus Brooklyn als Zukunft der Lebensmittelproduktion gefeiert wird, besteht die kubanische Hauptstadt

136

bereits zu fast einem Drittel aus landwirtschaftlicher Nutz-fläche.

Entstanden ist die urbane Agrarwirtschaft aus privatem Antrieb; doch der Staat hat rasch darauf reagiert. Halbstaat-liche Selbsthilfeorganisationen kümmern sich mittlerweile um die Verteilung des Saatguts. Staatliche Institute erfor-schen die besten Bedingungen für Dachgärten und Ruinen-brachlandbepflanzung. Der Privatverkauf, die wichtigste Voraussetzung für effiziente Produktion, ist weitgehend frei-gegeben.

Die städtische Landwirtschaft hat dazu geführt, dass Kuba weltweit über eine der kürzesten durchschnittlichen Verbin-dungen vom Produzenten zum Konsumenten verfügt. In deutschen Großstädten kommen Obst und Gemüse besten-falls aus dem Umland, werden in der Regel aber aus Hol-land, Spanien oder sogar Südafrika, Chile und Brasilien an-gekarrt. In Havanna stammen die Tomaten, Mangos, der Kohl und die Malanga, die die Habaneros verzehren, aus der Hauptstadt selbst. Fast alles wird organisch gezogen, vieles sogar im selben Stadtviertel, in dem es dann auf dem Teller landet. Für den Transport genügt oft ein einfacher Hand-oder Pferdekarren. Verkauft wird die frische Ware auf win-zigen *agromercados*, die oft nur aus einer Handvoll Verkaufs-ständen bestehen, dafür aber an allen Ecken der Stadt etabliert sind.

Lokal und organisch produziert, dazu fair gehandelt: Drei der wichtigsten Forderungen der alternativen Landwirtschaft sind in Havanna längst Standard. Keine andere Großstadt der Welt kann der kubanischen Hauptstadt hier das Wasser rei-chen.

Die Selbstversorgung der Millionenstadt ist eine typisch kubanische Erfolgsgeschichte: aus der Not geboren, mit viel Erfindungsreichtum umgesetzt, dann die Not zur Tugend erklärt. Und sie ist Teil einer erstaunlichen Entwicklung, die die kubanische Landwirtschaft in den vergangenen Jahrzehnten vollzogen hat: eine grüne Wende, die in Lateinamerika beispiellos ist. Es war ein langer Weg.

Vor der Castro-Revolution war Kubas Landwirtschaft fest in der Hand weniger Großgrundbesitzer und amerikanischer Agrarkonzerne, vor allem der berüchtigten United Fruit Company, die in Lateinamerika dafür gefürchtet war, dass sie sich hervorragend mit Diktatoren verstand, korrupte Regierungen schmierte und weniger korrupte mithilfe der CIA stürzte. Schon 1953 klagte Fidel Castro die Regierung an: Hunderttausend Kleinbauern lebten »wie Leibeigene eines feudalen Systems, sie bestellen ein Land, das ihnen nie gehören wird und von dem sie nicht wissen, ob nicht morgen die Polizei kommen wird, um sie davon zu vertreiben«. Mehr als die Hälfte des besten Ackerlandes liege in den Händen ausländischer Besitzer, »200 000 Landbewohner besitzen nicht einmal ein Stückchen Land, um darauf etwas anzubauen, womit sie ihre hungernden Kinder füttern könnten. Zugleich liegen mehr als drei Millionen Hektar brach.« Kuba, schloss Fidel, »könnte leicht eine dreimal so große Bevölkerung ernähren. Die Märkte sollten übervoll sein mit frischem Gemüse!« Sollte das ein Versprechen gewesen sein, ist es das, was Castro später wohl am nachhaltigsten brach.

In der Tat machten sich die Revolutionäre 1959, nach ihrem Sieg, sofort an die Landreform. Schon auf dem Weg von der Sierra Maestra nach Havanna ließ Fidel Castro die Zuckerrohrfelder seiner Familie niederbrennen, ein mächtiges Signal gegen den verhassten Großgrundbesitz. Nur fünf Monate nach der Machtübernahme trat im Mai 1959 die Landreform in Kraft, um landlosen Bauern zur eigenen Scholle zu verhelfen. Für diesen Zweck ließ Che Guevara eine 100 000 Mann starke Miliz trainieren, die sich um die Verteilung des Landes kümmerte. Allein 2000 Quadratkilometer Grund stammten aus der Enteignung amerikanischer Konzerne.

Doch die Märkte, »übervoll mit frischem Gemüse«, wollten sich nicht einstellen. In den ersten Jahren nach der Reform vernachlässigte die Regierung den Zuckerrohranbau, Symbol der verhassten Konzernwirtschaft. Statt unter der glühenden Sonne Zuckerrohr zu schneiden, sollte der neue kubanische Mensch lieber in modernen Industriefabriken arbeiten. Zehntausende erfahrene Arbeiter wurden umgeschult oder in die Rente gedrängt, die Zuckerfabriken vernachlässigt.

Allein: Kubas Landwirtschaft war seit mehr als einem Jahrhundert auf den Zuckerrohranbau ausgerichtet. Zucker war eine der wichtigsten Einnahmequellen und das Land dringend auf den Exporterlös angewiesen. Die Industrialisierung des unterentwickelten Landes, die sich die Revolutionäre so sehnlichst wünschten, ließ sich in der Kürze der Zeit nicht bewerkstelligen.

1963 vollzog die Revolutionsregierung daher eine Wende. Bis zum Jahr 1970 sollte die Zuckerrohrernte, die *zafra*, auf ein Rekordniveau von zehn Millionen Tonnen mehr als verdoppelt werden. Die »Zafra der zehn Millionen« hielt das Land über Jahre in Atem. In eigenen Fernsehsendungen – »Zehn Millionen! Nicht ein Pfund weniger!« – schritt Fidel Castro wie ein Feldherr vor einer Karte Kubas auf und ab und deutete mit einem langen Zeigestock auf jene Provinzen, in denen gerade die Ernte stattfand. Der Slogan *Los Diez Milliones Van!* – »Die zehn Millionen schaffen wir!« – inspirierte eine aufkommende Salsa-Band, sich »Los Van Van!« zu nennen; die Band gehört heute zu den erfolgreichsten kubanischen Musikgruppen aller Zeiten. Die Sowjetunion kaufte den Zucker zum fünffachen Marktpreis auf, um den Ausbau der Kapazitäten zu finanzieren. Schließlich wurden »Freiwillige« und Soldaten zu Zehntausenden auf die Felder beordert. Für die Fernsehkameras sprangen sie hoch motiviert vom bremsenden Zug und rannten mit erhobener Machete auf die Felder zu, wie Soldaten, die einen Feind überrennen wollen.

Die »Zafra der zehn Millionen« wurde zu einem Prestigeprojekt – das krachend scheiterte: Am Ende brachten die tapferen Erntehelfer trotz jahrelanger Vorbereitung knapp acht Millionen Tonnen Rohrzucker ein.

Schwerer als das Verfehlen des unrealistischen Ziels wogen die Folgen der jahrelangen Vorbereitung. Nun war die gesamte Landwirtschaft Kubas erneut, wie schon vor der Revolution, auf den Zucker ausgerichtet. Statt das Land zu diversifizieren, war die Monokultur gestärkt und die Abhängigkeit von der Sowjetunion gravierender als die von den USA zuvor. Bald darauf importierte Kuba neunzig Prozent seines Rohöls aus der Sowjetunion und dazu fast zwei Drittel der Lebensmittelimporte. Aus dem Land, das angeblich genug Essen für achtzehn Millionen Menschen produzieren konnte, war ein Vasallenstaat geworden, der am Tropf der sowjetischen Wirtschaft hing – unfähig, auf eigenen Beinen zu stehen.

Nach dem Ende der Sowjetunion brach die Zuckerindustrie ein. Jahrzehntelang war die Unfähigkeit der kubanischen Agrarbehörden nicht aufgefallen, weil der große Bruder den Sektor generös subventionierte. Jetzt traten die Mängel brutal ans Licht. Die Lebensmittelproduktion im Land halbierte sich, weil es an allem mangelte: an schwerem Gerät, an Sprit für Traktoren. Bis dahin war Kuba einer der größten Importeure für Agrochemikalien in Lateinamerika gewesen, nun fehlte es an Kunstdünger und Pestiziden. Für die kubanische Landwirtschaft war die Stunde null angebrochen.

1994 kam es am Malecón in Havanna zur ersten und einzigen Hungerrevolte, kurz darauf stürmte, so erzählen es Vertraute, Raúl Castro in Fidel Castros Büro. Es sei, so heißt es, das einzige Mal gewesen, dass es laut wurde zwischen den Castro-Brüdern. »Wenn wir jetzt nichts unternehmen, wird das Volk auf die Straße gehen«, soll Armeechef Raúl Castro geschrien haben, und weiter: »Und ich werde NICHT die Panzer gegen das eigene Volk auffahren lassen!«

Raúl Castro wusste, dass die zentrale Planwirtschaft zur Verteilung von Lebensmitteln gescheitert war. Stattdessen sollte es Kleinbauern und Kooperativen erlaubt werden, auf privaten Bauernmärkten künftig ihre überschüssige Ernte verkaufen zu können – gewinnbringend, wenn es denn sein musste. Den Bauern verschafften die zusätzlichen Einnahmen Luft und Anreiz, brachliegende Felder zu bestellen. Im Jahr 2006 produzierten Kooperativen und Kleinbauern zwei Drittel aller auf Kuba geernteten Lebensmittel – und das nur auf einem Viertel der Gesamtfläche. Das bedeutet, sie waren mehr als fünfmal so produktiv wie die chronisch ineffizienten Staatsbetriebe.

Als Raúl Castro 2007 endgültig die Macht übernahm, gab er mehr als eineinhalb Millionen Hektar Land, fast ein Viertel der landwirtschaftlichen Nutzfläche Kubas, zur privaten Nutzung frei. »Es ist mir egal, ob dieses Land von Kleinbauern, Kooperativen oder einem großen Staatsbetrieb bestellt wird«, verteidigte Raúl Castro den Schritt vor dem Parlament: »Keine dieser Wirtschaftsformen steht im Widerspruch zum Sozialismus. Ich möchte nur, dass es der bekommt, der dort am effizientesten wirtschaftet.«

Das war die Stunde von Pablito Paez. Ich treffe Paez an einem heißen Sommertag im Westen der Insel, in der Provinz Pinar del Río, als er seine Hände gerade fluchend tief in den Eingeweiden einer defekten Pumpe stecken hat, die er zur Bewässerung seiner Felder braucht. Die Wasserpumpe gehört eigentlich dem Staat, »aber wenn ich sie nicht repariere, macht das niemand«, seufzt Paez. »Seit Jahren bin ich der Einzige, der sich darum kümmert.«

Pablito Paez schiebt sich den breitkrempigen Hut in den Nacken und wischt sich den Schweiß von der Stirn. Er hat helle, klare Augen, wie hier in der Region üblich, wo die meisten Kubaner von Auswanderern der Kanarischen Inseln abstammen. Er ist nicht groß, aber kräftig und strahlt ein ruhiges Selbstbewusstsein aus. Er redet – und das ist noch immer selten auf Kuba – frei und ohne seine Worte lang zu wägen. Er fühlt sich als Herr im eigenen Haus.

Im Jahr 2008 übernahm Pablito Paez gemeinsam mit seinem Vater fast sechzig Hektar Brachland. Sie wussten, was ihnen bevorstand: ein zäher Kampf mit dem Farbkätzchenstrauch, einem stacheligen Busch, der im 19. Jahrhundert als Zierpflanze aus Afrika nach Kuba importiert worden war. Der Strauch, der bis zu zehn Meter hoch werden kann, hat sich zur schlimmsten Plage der kubanischen Landwirtschaft entwickelt. Als nach dem Zusammenbruch der Sowjetunion Ackerfläche aufgegeben wurde, weil Treibstoff und Ersatzteile für Landmaschinen fehlten, breitete sich der Farbkätzchenstrauch rasant über die Insel aus, legte komplette Farmen lahm und hat bis heute mehr als eine Million Hektar Ackerland auf Kuba überwuchert.

Kubas Bauern fürchten *el marabú*, wie der Farbkätzchenstrauch von ihnen genannt wird, wegen seiner legendären Zähigkeit. »Du kannst es abbrennen, du kannst alles kahl schlagen, das nützt nichts«, sagt Pablito Paez. »Das wächst sofort zurück. Die einzige Möglichkeit, den *marabú* loszuwerden, ist, ihn mit Stumpf und Stiel auszugraben. Das geht

142

eigentlich nur mit schweren Landmaschinen. Aber wir haben keine schweren Landmaschinen.«

Also blieb Pablito Paez und seinem Vater nichts anderes übrig: Sie griffen zur Hacke. Mehr als dreißig Hektar ihrer Farm waren mit *marabú* überwuchert; sie arbeiteten bis weit in die Nacht, im Flackern der Petroleumlampe. »Wir waren oft um vier Uhr morgens auf dem Feld und abends um acht noch nicht zu Hause«, erzählt Pablito und ergänzt nachdenklich: »Und eigentlich ist das heute immer noch so.«

Der Einsatz zahlte sich aus. Die Paez pflanzten Bananen, Reis, Guaven und Mango. Von der Ernte nimmt sich der Staat im Vorkaufsrecht einen Großteil und bezahlt wenig dafür. Erst wenn der Staat seinen Bedarf gedeckt hat, dürfen die Bauern mit dem übrigen Gemüse auf den Markt. Trotzdem waren die Einnahmen für kubanische Verhältnisse astronomisch. »Wir haben in manchen Jahren Geld verloren«, sagt Pablito Paez, »und in anderen 100 000 Pesos verdient. Oder 200 000. Oder 300 000.« Die Nachricht von den arbeitsamen Bauern in Pinar del Río machte die Runde, und bald tauchte der Landwirtschaftsminister auf der Finca auf, dann der Präsident des Parlaments. Sie priesen den Arbeitseifer, die kluge Führung der Finca.

Bald war die Rede davon, dass es die Paez zu ihrer ersten Million gebracht hatten, zwar nur in kubanischen Pesos – also rund 40 000 Euro –, aber ehrlich und hart verdientes Geld. Der erste Peso-Millionär im Kommunismus. Damit begannen die Schwierigkeiten.

Nach fünf Jahren lief der Pachtvertrag für das Land aus, und die örtliche Landverwaltung ließ die Paez wissen, dass sie nicht vorhatte, ihn zu verlängern. »Wir hatten Monate investiert, um das Land überhaupt erst urbar zu machen«, sagt Pablito Paez, »und jetzt gab es wohl einige am Ort, die scharf darauf waren.«

»Wenn du in Kuba Erfolg hast, ist das so: Du fährst mit einem Pferdewagen voller Melonen los, und auf dem Weg zu dir nach Hause fällt eine nach der anderen runter. Und wenn du zu Hause ankommst, ist der Wagen leer.«

»Das Problem ist nicht die Regierung«, sagt Pablito. »Das Problem sind die unteren Kader. Das war nicht ein Einzelner, der gegen uns gearbeitet hat, das waren alle Nachbarn. Das ist wie in einer Dose voller lebendiger Krebse. Steigt einer hoch, klammern sich die anderen an ihn und ziehen ihn runter.«

Ein Jahr mussten sich die Paez wehren, dann gewannen sie den Streit. Die Landverwaltung verlängerte den Pachtvertrag um weitere fünf Jahre. Und Pablito Paez reparierte die Wasserpumpe, wovon auch jene profitierten, die ihm am liebsten alles Land wieder wegnehmen wollten.

Erfolgsgeschichten wie die der Paez in Pinar del Río sind noch die Ausnahme. Wer in die kubanischen Provinzen fährt, sieht eine Landwirtschaft aus dem vorvorigen Jahrhundert: Die Bauern tragen selbst geflochtene Palmstrohhüte, zerrissene Hosen und einen Gürtel, an dem die rostige Machete hängt. Damit halten sie das Gras kurz, schlagen Zuckerrohr (oder auf den Nebenbuhler und die untreue Ehefrau ein, wenn sie sie erwischen – *machetazo*-Narben vom Hieb einer Machete sind erschreckend häufig auf dem Land). Ochsen ziehen Holzpflüge durch die schwere Erde, Ochsenkarren bringen anschließend die Ernte in die Dörfer. Glücklich, wer ein Pferd sein Eigen nennt, um aufs Feld zu kommen; manche gehen jeden Tag kilometerweit zu Fuß.

Aber die Versorgung mit Gemüse hat sich auch auf dem Land seit den Zeiten der Spezialperiode dramatisch verbessert. Selbst in kleinen Dörfern bieten die Händler Tomaten, pralle Avocados, Gurken, Kohlköpfe, Malanga, Maniok,

Kartoffeln, Rote Bete an. Die lokale Lebensmittelproduktion ist heute 45 Prozent höher als 1988, vor dem Ende der Sowjetunion.

Das Beste daran: Viele der Lebensmittel auf Kuba sind heute biologisch hergestellt. Während Kubas Staatsbetriebe in den 1980er-Jahren die Böden mit Kunstdünger vollpumpten und großflächig Herbizide und Pestizide versprühten, brachte das Ende des Ostblocks eine dramatische Wende hin zur ökologischen Landwirtschaft. Statt Kunstdünger zu verwenden, werden nun Hülsenfrüchte gepflanzt, die für den nachfolgenden Mais Stickstoff in den Boden einbringen. Zusätzliche Blumenstreifen helfen, Insekten für die Bestäubung anzulocken. Dichtere Bepflanzung hält das Unkraut fern. Und während Landarbeiter überall in Lateinamerika an rätselhaften Krebserkrankungen sterben und die Frauen in den Dörfern nahe der riesigen Monokulturen transnationaler Agrarkonzerne Kinder mit Fehlbildungen zur Welt bringen, hat Kuba den Einsatz von Agrochemikalien auf ein Viertel reduziert.

Die Umstellung der Landwirtschaft war eine Notmaßnahme, ähnlich wie im Gesundheitswesen, wo alternative Heilmethoden boomen, seit die große sowjetische Pharmazie-Pipeline ausgetrocknet ist. Doch die Neuausrichtung der Lebensmittelproduktion wurde von der kubanischen Regierung mit großer Ernsthaftigkeit betrieben: Forschungsinstitute wurden eingerichtet, Bodenproben analysiert, Versuchsfelder angelegt. Kuba verfügt zwar nur über zwei Prozent der Bevölkerung Lateinamerikas, aber über elf Prozent der Wissenschaftler. Und weil auf Kuba zwischen Wissenschaftlern und Landbevölkerung keine Klassenschranken bestehen (was auch bedeutet, dass ein Universitätsprofessor nicht unbedingt besser verdient als ein Bauer), arbeiteten Landwirte und Hydrologen, Bodenforscher, Biologen eng zusam-

145

men, um das zu schaffen, was in der wissenschaftlichen Gemeinde als »kubanisches Modell der Agro-Ökologie« gilt.

Kuba hat es in nicht einmal einer Generation geschafft, eine industrialisierte, dann kollabierte Landwirtschaft in ein widerstandsfähiges Netzwerk aus Selbstversorgern, Kleinbauern und Kooperativen umzuwandeln. 25 Jahre nach dem großen Crash produziert Kuba mehr Lebensmittel als vorher, mit weniger Chemie. Doch die Zukunft ist ungewiss: Brasilianische Agrarkonzerne haben ein Auge auf die ausgedehnten Anbauflächen in den kubanischen Agrarprovinzen geworfen; erste Experimente mit gentechnisch verändertem Saatgut laufen bereits. Eine Annäherung an die USA wird den Druck der US-amerikanischen Saatgutgiganten erhöhen, die bereits die Märkte in Argentinien und in Zentralamerika beherrschen. Sollten irgendwann wieder die Agrarkonzerne in Kuba das Sagen haben, dann wird auch Pablito Paez keine Chance mehr haben, auf seinen paar Hektar noch konkurrenzfähig zu produzieren. Und die meisten Stadtgärten in Havanna würden eingehen.

Liebesleben: Land ohne Väter

Heiraten, wozu? Die meisten Ehen auf Kuba halten sowieso nicht lange. Ein Sexualforscher findet, das ist eine richtig gute Nachricht.

Froilan, der achtfache Vater, entspannt sich auf dem Sofa, während seine Frau Nenita Kaffee kocht für den Besuch. Nenita trägt Lockenwickler im Haar unter einem bunten, dünnen Nylontuch, und Froilan schaut sich irgendeine Sendung im kubanischen Staatsfernsehen an: ein ganz normales kubanisches Ehepaar am Samstagnachmittag. Froilan scheint mit dem Sofa regelrecht verwachsen zu sein; so, als würde er es nur höchst ungern und selten verlassen. Aber das war nicht immer so.

»Weißt du«, sagt Nenita, während der schwarze Sud in der Espressokanne brodelt, »es ist ja nicht nur so, dass ich ihn gezähmt habe. Er hat mich auch gezähmt. Wir waren beide nicht leicht zu domestizieren.«

Froilan lächelt sein krokodilhaftes Lächeln. Klar, er hat jetzt einen grauen Bart und graue Haare, und unter dem T-Shirt spannt sich eine deutliche Speckschwarte. Aber die Augen blitzen wie eh und je. Domestiziert? Er?

Seit zwanzig Jahren sind Nenita und Froilan jetzt zusammen, ein Rekord für beide. Ihr gemeinsamer Sohn Chris-

147

tian ist achtzehn, ein auffallend gut aussehender junger Mann mit blondiertem Haar und feingliedrigem Auftritt, der »irgendwas mit Friseur« machen will, wie Nenita mit hochgezogenen Augenbrauen bemerkt.

Christian ist Froilans jüngster Sohn, und der einzige, den er hat aufwachsen sehen. Bei den vorigen sieben Kindern hielt es der Schreiner im besten Fall ein, zwei Jahre mit der Mutter aus, bevor er sich wieder aus dem Staub machte und den nächsten Nachwuchs zeugte. Manchmal war er schon auf und davon, wenn die jeweilige Mutter mit seinem Kind niederkam.

Hat er kein schlechtes Gewissen, dass er den Kindern kein Vater war? Nie da? Froilan und Nenita schauen den Besucher erstaunt an. Kein Vater? »Ich habe ihnen zu jedem Geburtstag Geschenke geschickt«, sagt Froilan, ohne auch nur einen Hauch von Ironie. »Meine Kinder lieben mich!«

Froilan mag ein Extremfall sein, eine Ausnahme ist er trotzdem nicht. Roberto, Touristenführer und Lehrer für Deutsch und Spanisch, passt im Gegensatz zu Froilan nicht ins Klischee des kubanischen Machos: Nie würde er einem Mädchen auf der Straße nachpfeifen; statt schmutziger Witze erzählt er Gedichte. Im Restaurant hält er seiner Begleitung die Tür auf und rückt den Stuhl an den Tisch. Er trinkt höchstens ab und zu mal ein Glas Rum, vielleicht auch mal zwei. Dann kommt er ins Schwärmen: über die kubanischen Frauen, ihre Sinnlichkeit, ihren unwiderstehlichen Charme. Beim dritten stößt er darauf an, dass er wieder Vater geworden ist. Zum fünften Mal. Mit der fünften Frau.

Kuba ist das Land mit der höchsten Scheidungsrate Lateinamerikas, mehr als sechzig Prozent aller Ehen gehen in die Brüche. Vordergründig ist dafür die vermeintlich lockere Sexualmoral der Kubaner verantwortlich und die Tatsache, dass ein Scheidungsverfahren höchstens zwanzig Tage dauert und nicht mehr als drei Dollar kostet. Doch wer sich genauer mit der Frage beschäftigt, wie sich das Zusammenleben von Mann und Frau auf Kuba über die Jahrzehnte verändert hat, stellt fest, dass Liebe und Sex auch hier viel mit Macht zu tun haben – der Macht in der Familie, aber auch der Macht im Staat. Im kubanischen Liebesleben finden sich Spuren der kolonialen Vergangenheit, des revolutionären Aufbruchs und der turbokapitalistischen Gegenwart. Ein Kuss ist gerade auch auf Kuba niemals nur: ein Kuss.

Hat die Ehe als Lebensmodell ausgedient auf Kuba? Alarmierende Zahlen vermeldet seit Jahren die kubanische Statistikbehörde: Während 1992 auf Kuba noch 200 000 Ehen geschlossen wurden, sind es inzwischen nur noch gut 50 000, also nur noch ein Viertel davon. Ein Teil des Rückgangs lässt sich mit der Überalterung der kubanischen Gesellschaft begründen. Die Geburtenrate zählt mit durchschnittlich nur noch 1,45 Kindern pro Frau zu den niedrigsten Lateinamerikas, und sie bedeutet: Die kubanische Bevölkerungszahl schrumpft unaufhaltsam. Zum Vergleich: Die Frauen in der Dominikanischen Republik bringen im Schnitt immer noch 2,52 Kinder zur Welt.

Doch die wahren Gründe für den Rückgang der Eheschließungen sind viel simpler: Es ist das Fehlen von Freibier und Kuchen. Denn Anfang der 1990er-Jahre, auf dem Höhepunkt der Krise, hielt der kubanische Staat eisern an den Sondervergünstigungen für junge Ehepaare fest. Wer heiratete, hatte das Anrecht auf einige Paletten Bier und Limonade, einen stattlichen Kuchen, belegte Brote – allesamt Dinge, die in dieser Zeit schwer zu bekommen waren. Außerdem durfte das junge Paar drei Tage in einem jener teuren Hotels verbringen, die eigentlich nur den Dollar-Touristen vorbehalten waren. Dort, an der Bar des Hotels, durften sich die Eheleute zu Peso-Preisen selbst verköstigen, obwohl der Dollar zu diesen Zeiten auf der Straße zum Kurs von 125 Pesos und mehr gehandelt wurde. Wer heiratete, konnte sich und seinen Freunden also ein ordentliches Fest garantieren, und das in Zeiten, in denen die meisten nicht einmal wussten, was es am selben Abend zu essen geben würde.

Im Zuge der ökonomischen Reformen wurden die Vergünstigungen gestrichen. Wer heute auf Kuba heiratet, muss sich seinen Kuchen selbst kaufen, das Brautkleid mieten und bezahlt für das Bier einen Dollar pro Dose, wie alle anderen auch. Heiraten hat sich zu einem Verlustgeschäft entwickelt, weshalb die meisten kubanischen Paare darauf verzichten und ohne Trauschein zusammenleben. Wenn ein Kubaner heute sagt, er sei »verheiratet«, und er von seiner »Ehefrau« spricht, handelt es sich in den meisten Fällen um eine wilde Ehe. Der Unterschied zwischen wilder und formaler Ehe spielt keine Rolle, weder im realen Leben noch im juristischen Sinn: Unverheiratete Paare haben dieselben Rechte wie verheiratete.

Wie lange diese wilden Ehen halten, darüber lässt sich schlecht Statistik führen. Der gefühlte Eindruck ist: meist nicht allzu lange. Selbst bei den formal geschlossenen Ehen trennt sich jedes zehnte Paar bereits in den ersten zwei Jahren. Mehr als die Hälfte aller Scheidungen erfolgt, bevor die Paare zehn Jahre zusammenleben. Ehen, die ein Leben lang halten, kennen fast nur noch Kubaner, die längst im Rentenalter sind. Und auch bei denen war meist erst die zweite oder dritte Ehe schließlich von Dauer.

Dass die älteren Kubaner lange verheiratet bleiben, heißt aber nicht, dass sie deswegen treu wären. Einige unterhalten über Jahre eine *segunda familia*, eine Zweitfamilie. Dann geht es den Kindern so wie jener siebzehnjährigen jungen Frau

aus dem Osten Kubas, die ihrer Mutter hilft, die Uniform-
wäsche des Vaters zu waschen, eines Offiziers der Revoluti-
onsarmee, der in seiner Karriere viel unterwegs und lange
in fremden Städten stationiert war. Und die beim Waschen
in der Uniformtasche den zusammengefalteten Brief einer
anderen Siebzehnjährigen findet, die fast auf den Tag genau
gleich alt ist wie sie selbst: die geheim gehaltene Tochter der
Zweitfamilie, die den Vater inständig bittet, seine Erstfami-
lie zu verlassen und mit ihr und ihrer Mutter zu leben.

Heutzutage sind Kinder für kubanische Paare in der Regel
kein Grund mehr zusammenzubleiben. Und so wächst in
Kuba seit einigen Jahrzehnten eine weitgehend vaterlose
Generation heran. Wer mit jungen Kubanern spricht, stellt
fest, dass die wenigsten noch mit ihrem biologischen Vater
unter einem Dach leben und oft auch keinen besonders inni-
gen Kontakt zu ihm pflegen. Der *papá* ist in der Regel der
gegenwärtige Lebensabschnittsgefährte der Mutter, der
zugleich auch der biologische Vater der jüngeren Halbschwester ist. Der Begriff »Halbschwester« wird allerdings
im Kubanischen kaum verwendet; Schwester (mütterlicher-
seits) ist Schwester, egal, wer der Vater war. Umgekehrt sind
Kinder bei der Partnersuche absolut kein Hindernis: Eine
Frau mit vier Kindern von vier Männern, die in Deutschland auf dem Heiratsmarkt eventuell als schwer vermittelbar
gelten würde, hat auf Kuba kein Problem, noch einen fünften Mann zu finden, der auch bereit ist, das fünfte Kind zu
zeugen.

Die jungen Kubaner pflegen diese neue Tradition längst
selbst. So wie die 28-jährige Jenny, Tänzerin im »Tropicana«,
die in einem sehr schlichten, morschen alten Kolonialrei-
henhaus nahe der lauten und dreckigen Calle Monte aufgewachsen ist, nicht der besten Gegend Havannas. Jenny hat

ihren Vater seit ihrem zweiten Lebensjahr nicht mehr gesehen. Sie lebt in einem Frauenhaushalt mit ihrer Mutter und ihrer Großmutter, beide männerlos, und ihren beiden Kindern von zwei Männern. Der Vater der zwölfjährigen Tochter lebt – so viel weiß Jenny immerhin – seit einigen Jahren in Spanien. Schickt er wenigstens Geld? Jenny zieht die Augenbrauen hoch: »Er hat ja noch nicht mal Papiere. Er kämpft sich durch.« Der Vater ihres zweiten Kindes, eines dreijährigen Sohnes, war schon bei der Geburt nicht mehr verfügbar. Wo er heute lebt, weiß Jenny nicht, und es ist ihr auch egal: »Er taugte eh nichts.« Und das Kind durchzufüttern ist ohnehin Aufgabe der Mütter.

In Deutschland würden solche Verhältnisse Realityshows im Privatfernsehen nach sich ziehen und eine Talkshow im ZDF mit der bangen Frage: »Ist die Familie am Ende?« Doch Ramón Rivero vom kubanischen Nationalen Zentrum für Sexualaufklärung – CENESEX – sieht die Entwicklung gelassen, mehr noch: Er findet sie sogar rundheraus gut.

Ramón Rivero leitet im CENESEX die wissenschaftliche Abteilung. Er hat an der Lenin-Universität in der Sowjetunion Politikwissenschaft studiert und später in Kuba in Philosophie promoviert. Auf den ersten Blick wirkt sein Lebenslauf wie der eines typischen Parteikaders, doch das CENESEX zählt zu den liberalsten, fortschrittlichsten Institutionen in Kuba, und im Gespräch zeigt sich Ramón Rivero aufgeschlossen, neugierig und klug.

Der Verfall der kubanischen Familie, sagt Ramón Rivero, ist in Wahrheit der Verfall eines traditionellen, überkommenen Familienmodells – ein Modell, das die Kolonialherren nach Kuba importierten und das ihnen als Mechanismus zur Unterdrückung der Frau diente. Kein Wunder: Die spanischen »Eroberer« waren allesamt Männer, die ihre Töchter zu Hause einsperrten, wie die Gitter vor den Fenstern in

| 152

Kubas ältester Stadt Trinidad noch heute bezeugen. Die strenge Zucht und Ordnung galt allerdings nicht für die Hausherren, die reihenweise Sklavinnen vergewaltigten, ohne sich dann um die rechtlosen Kinder zu kümmern. Das hohe Gut der Familie war ohnehin etwas, auf das zu Zeiten der spanischen Herrschaft nur Weiße ein Anrecht hatten. Die Familien schwarzer Sklaven wurden bedenkenlos auseinandergerissen, wenn Frauen oder Kinder gewinnbringend verkauft werden konnten.

Das traditionelle Familienmodell, das die Spanier nach Kuba brachten, gehe also davon aus, erklärt Ramón Rivero, dass die Frau zu Hause bleibe und sich um die Hausarbeit kümmere, während der Mann für Geld und Unterhalt zu sorgen habe. »Es ist ein Modell, das Unterdrückung hervorbringt. Wenn diese Familie verschwindet, dann bin ich darüber nicht traurig, im Gegenteil«, sagt Rivero. »Die kubanische Revolution unterstützt die Emanzipation der Frauen. Unser Ideal einer Familie entspricht der Idee einer horizontalen Hierarchie, wo Mann und Frau komplett gleichberechtigt sind.«

In der Tat ist die kubanische Revolution für die hohen Scheidungsraten mit verantwortlich, und tatsächlich hat dies positive Gründe. Zum einen liegt es an der Schwächung einer in ganz Lateinamerika übermächtigen Institution. Denn zu den großen Verlierern der kubanischen Revolution zählte neben den Großgrundbesitzern auch die katholische Kirche. Vor der Revolution war die katholische Kirche auf Kuba eine Institution der reichen Elite, die half, die verarmten Massen im Zaum zu halten. Viele Geistliche, die Spanier waren und nicht einmal die kubanische Staatsbürgerschaft besaßen, verstanden sich prächtig mit dem Diktator Batista. Nach der Revolution mussten sie das Land verlassen; zurück blieb eine Rumpfkirche, die von der Revolutionsregierung streng reglementiert wurde. Noch bis 1998 war es auf Kuba ein Risiko, Weihnachten zu feiern.

Die katholische Kirche wurde zwar nie verboten, doch ihr Einfluss weit zurückgedrängt. Das war ein Segen für Institutionen wie das CENESEX, das im ganzen Land eine fortschrittliche Sexualaufklärung betreiben konnte, ohne dass, wie in anderen Ländern Lateinamerikas, greise Kardinäle mit Moralpredigten dazwischenfunkten. Und während die weißhaarigen Päpste der verkalkten Altmännerkirche gegen jede Art von Verhütung wetterten – wodurch sie in Brasilien und anderswo Hunderttausende ungewollte Schwangerschaften provozierten und für eine Explosion der Aids-Raten sorgten –, durfte im kubanischen Fernsehen ausgerechnet eine Deutsche ungehindert mit Gummi und Penisattrappen hantieren: Monika Krause-Fuchs, eine der angesehensten kubanischen Sexualaufklärerinnen. Jugendlichen aus den 1980er-Jahren ist Krause-Fuchs als »Königin des Kondoms« bekannt. Sie war als junge Frau nach Kuba gekommen und hatte dort als Gründungsdirektorin des CENESEX Karriere gemacht, bevor sie 1990 nach Deutschland zurückkehrte.

Die Werte, die das CENESEX in seiner Arbeit unter das kubanische Volk bringt, sind den Ideen der katholischen Kirche diametral entgegengesetzt. »Sexualität ist für uns ein Menschenrecht«, erklärt Ramón Rivero. »Sex ist etwas, was man genießen sollte, ohne Gewalt und ohne Unterdrückung.« Oft werde Sexualität dazu benutzt, um Macht auszuüben; doch im Idealfall, sagt Rivero, »ist Sex ein Ausdruck von Freiheit«. In Kuba war der Weg zu dieser Erkenntnis steinig, vor allem für Menschen mit sexueller Orientierung, die vom Mehrheitsgeschmack abweicht: In den frühen Jahren der Revolution wurden Homosexuelle in Umerziehungslager gesteckt, wo sie Zuckerrohr schneiden mussten, weil sie als Schwule nicht im Militär aufgenommen werden

154

konnten. Seitdem hat sich das Bild rasant gewandelt; schon in den 1980er-Jahren war Kuba eines der ersten Länder, in denen sich Menschen einer Geschlechtsumwandlung unterziehen konnten. Heute hat Havanna eine aktive Schwulen- und Lesbenszene, und das CENESEX wird von Mariela Castro geleitet, Tochter von Raúl Castro und weltweit anerkannte Vorkämpferin für die Rechte von Schwulen, Lesben, Trans-, Bi- und Intersexuellen. Zwar dürfen Homosexuelle auf Kuba einander nicht heiraten, das hindert aber Mariela Castro, immerhin die Tochter des Präsidenten, nicht daran, in Havanna einen Marsch gegen Homophobie anzuführen, bei dem am Ende auch demonstrativ symbolisch gleichgeschlechtliche Ehen geschlossen werden. So ist es auch dem CENESEX zu verdanken, dass auf Kuba das Thema Sexualität heute vor allem mit Fragen zur Gesundheit und Identität verbunden wird, nicht aber mit Fragen der Moral.

Der wichtigste Grund für die hohen Scheidungsraten liegt aber in der generellen Unabhängigkeit der kubanischen Frauen. Keine Kubanerin muss heute einen Mann ertragen, der sie schlecht behandelt, nur weil sie auf ihn als Versorger angewiesen ist. Zum einen sind die meisten Frauen selbst berufstätig; Frauen stellen in Kuba heute 62 Prozent der Studentenschaft, mehr als sechzig Prozent der Angestellten und fast die Hälfte des Parlaments. Zum zweiten sind die Grund-Lebenshaltungskosten so niedrig, dass es zum Überleben auch mit einem Gehalt immer irgendwie reicht. Diese Emanzipation hat dazu geführt, dass heute die meisten kubanischen Männer gleichzeitig um ihren Schlafplatz fürchten müssen, sollten sie ihren Job verlieren – weil es die Frauen nicht einsehen, neben den Kindern auch noch einen weitgehend nutzlosen Kerl durchzufüttern.

Diese Errungenschaften waren keineswegs selbstverständlich. Denn natürlich war auch die kubanische Revolution, ebenso wie der Eroberungsfeldzug der Spanier, erst einmal eine Männerangelegenheit. Die Bärtigen in der Sierra Maestra waren Machos, und Fidel Castro blieb zeit seines Lebens ein Frauenheld. Doch in der Geschichte der Revolution gibt es zwei starke Frauen, deren Macht und Einfluss oft unterschätzt wird. Zum einen war dies Celia Sánchez, eine der *Comandantes* der Sierra Maestra und damalige Geliebte Fidel Castros. Sie war seine engste Vertraute, bis sie im Jahr 1980 an Krebs starb – ein Verlust, der Castro weit mehr geschmerzt haben soll als etwa der Tod seiner männlichen Gefährten Che Guevara und Camilo Cienfuegos, die ihm als tote Ikonen nützlicher waren denn als lebende Querdenker.

Die zweite wichtige Frau der kubanischen Revolution war Vilma Espín, die Gattin von Raúl Castro und bis zu ihrem Tod im Jahr 2007 Präsidentin des kubanischen Frauenverbandes, den sie 1960 selbst gegründet hatte. Vilma Espín hat die kubanischen Frauen fest in die Verpflichtung genommen, am Projekt der Revolution mitzuarbeiten, dies ja nicht allein den Männern zu überlassen. Das hat den Frauen Kubas die Freiheit verschafft, sich in einem Maße von ihren Partnern zu emanzipieren, wie es in anderen Ländern Lateinamerikas kaum denkbar ist. Die kubanischen Frauen sind heute so stark, dass auch in der illegalen Opposition die Männer mittlerweile kaum noch eine Rolle spielen. Die wichtigsten Figuren, die der Regierung die Stirn bieten, sind seit Jahren starke, unabhängige, furchtlose Frauen: in der ersten Generation die Wirtschaftswissenschaftlerin Martha Beatriz Roque, die auch im Gefängnis nicht zum Schweigen gebracht werden konnte. Dann die unermüdlichen *Damas de Blanco*, die weiß gekleideten Ehefrauen politischer Gefangener, die seit 2003 unter der Führung von zuerst Laura Pollán und dann Berta Soler als Spaziergängerinnen mit Gladiolen in den Händen die Staatsmacht zu hilfloser Weißglut treiben.

Und natürlich, in der jungen Generation, die Bloggerinnen um die unbeugsame Yoani Sánchez.

Allerdings bleiben, jedenfalls nach traditioneller Lesart, im Ringen um Freiheit und Herrschaft im Haus die Kinder auf der Strecke: Die Mehrheit der kubanischen Kinder erlebt bereits in ihrer Kindheit eine Trennung der Eltern. Ist das nicht traumatisch? »Eine Scheidung muss kein Problem sein«, sagt Ramón Rivero vom CENESEX. »Im Gegenteil, sie kann die Lösung sein. Eine gute Scheidung ist besser als eine schlechte Ehe.« Und die Kinder? »Ich habe mich scheiden lassen, als mein Sohn vier Jahre alt war. Heute ist er 21, und wir haben das beste Verhältnis«, versichert Rivero. Um ein guter Vater zu sein, müsse man nicht mit den Nachkommen unter einem Dach leben. »Die Ehe war zu lange ein juristisches Instrument zur sozialen Manipulation, ein Instrument der Herrschaft.« Wer heiratete, hatte gefälligst zusammenzubleiben, oder er wurde mit hohen Kosten und sozialer Ächtung bestraft. »Wir müssen versuchen, die Idee der Familie von der Notwendigkeit der Ehe der Eltern zu trennen. Wir müssen den Menschen mit seinen Widersprüchen ernst nehmen. Das Leben ist so vielfältig; wir dürfen uns nicht in ein Korsett zwängen.«

Aber ist die traditionelle Familie wirklich nur ein Modell im Kleinen für die allgegenwärtige Unterdrückung und Unfreiheit des Menschen? Ist die Idee, gemeinsam durchs Leben zu gehen, »bis dass der Tod Euch scheidet«, tatsächlich nur ein Überbleibsel patriarchalischer Ideen, deren einziges Ziel es war, sozialen Wandel zu verhindern? Ausdruck einer zurückgebliebenen, prä-emanzipierten Gesellschaft? Sind Familien reaktionär und Scheidungen ein Ausdruck der Befreiung? Ist »ewige Liebe« ein Versprechen? Oder eine Drohung?

Das klingt natürlich ein wenig so, als hätte sich Ramón Rivero seine eigene Scheidung sauber zurechtgelegt. Und ebenso wie die Familie ein Herrschaftsinstrument sein kann, kann es auch die Zerstörung derselben sein: Allen Revolutionen war die intakte Kleinfamilie stets suspekt, weil sie eine hermetische Einheit bildet, die sich dem revolutionären Zugriff auf ihre Art entzieht; und weil sie Werte für sich in Anspruch nimmt, die womöglich über denen der Revolution stehen könnten: In der intakten Familie gilt die bedingungslose Loyalität nie dem Staat oder externen Idealen, sondern immer den Kindern, den Eltern, den Geschwistern, den Neffen und Nichten ...

Im besonderen Fall Kubas hat es das Verschwinden der Väter möglich gemacht, einen Übervater im kollektiven Bewusstsein zu installieren, neben dem alle anderen Väter klein und unvollkommen wirken mussten. Im Verschwinden der traditionellen Familie hat Fidel Castro die Rolle des Patriarchen eingenommen, des strengen Versorgers, der sich aufopferte für seine große Kinderschar.

Doch tatsächlich eröffnet das neue kubanische Familienmodell den Kindern Perspektiven, die eine traditionelle Familie nicht bieten kann. Jugendliche in Kuba erleben heute bis zu ihrem Erwachsenwerden eine Vielzahl von Lebensmodellen. Sie lernen Väter, Stiefväter, Halbgeschwister, Nichten, Neffen, Onkel und Tanten kennen, die unter ganz unterschiedlichen Bedingungen und mit unterschiedlichen Präferenzen und Werten leben. Und das nicht im selben Haus, sondern verteilt auf mehrere Wohnungen im Viertel, der Stadt oder womöglich sogar im Ausland (zwei Millionen Kubaner leben nicht auf Kuba). Ein solches Leben bietet zwar weniger Sicherheit, aber es vermittelt auch Inspiration, zeigt Alternativen auf.

Natürlich geht es bei den vielen Trennungen auf Kuba nicht in erster Linie darum, den Kindern mehr Abwechslung im Leben zu bieten. Scheidungen sind auf Kuba, wie Eheschließungen, oft Zufälle oder Unfälle. Meist geht es bei Trennungen um Sex – mit der Nachbarin, mit einer Zufallsbekanntschaft auf der Straße, mit dem besten Freund des Partners. Kubaner sagen gern, Sex sei wie Essen, lebensnotwendig und am besten dreimal täglich genossen. Und der kubanische Sprichwortschatz ist voll praktischer Entschuldigungen für den heimlichen Seitensprung: *Ojos que no ven, corazón que no siente.* Was das Auge nicht sieht, bereitet dem Herzen keine Schmerzen!

Den Spruch vom blinden Herzen hat wohl jeder ausländische Tourist schon gehört, wenn er sich auf dem Prado in Havanna, plötzlich untergehakt von einer schönen Einheimischen in hohen Schuhen, genötigt sah, über seinen Familienstand Auskunft zu geben. Eine Ehefrau? In Deutschland? Aber das ist doch so weit weg!

Der Kapitalismus hat dem kubanischen Liebesleben eine weitere Variante hinzugefügt, von der die Revolutionäre tatsächlich glaubten, sie hätten sie überwunden. Als in den 1990er-Jahren der Dollar als Zahlungsmittel zugelassen wurde, entdeckten junge Kubanerinnen und Kubaner den ökonomischen Wert der Sexualität. Als mehr und mehr ausländische Touristen ins Land strömten, säumten leicht bekleidete junge Frauen und, heimlicher, junge Männer die Eingänge der Hotels auf der Suche nach einem finanzkräftigen Begleiter für ein paar Stunden, Tage oder Wochen. *Jineteras* werden jene Gelegenheitsprostituierten genannt, woher das Wort stammt, ist nicht ganz klar. Die gängige Erklärung lautet, *jinetera* leite sich vom spanischen Wort *jinete* – Reiter – ab, die *jinetera* verstehe es demnach, auf den Touristen aufzusatteln. Eine andere Erklärung besagt, der Begriff leite sich vom kanadisch-französischen Namen *Ginette* ab; so werden in Quebec Prostituierte genannt.

Entstanden ist der *jineterismo* in der großen ökonomischen Not der 1990er-Jahre. Er wurde vom Regime lange stillschweigend geduldet, weil die Frauen scharenweise Männer ins Land lockten, die dringend benötigte Devisen mitbrachten, welche am Ende immer irgendwie in der Staatskasse landeten – entweder in der Touristenbar, im Hotel oder im Einkaufszentrum, in dem sich die junge Frau dann mithilfe des zahlungskräftigen Liebhabers neu einkleidete.

Heute sind es nicht mehr nur Ausländer, die für Sex bezahlen. In den Frühzeiten des *jineterismo* reichte der Spruch »Schau mal, du kannst mir sicher ein bisschen aushelfen, oder?« als Formel für die Ansage: Wenn du zwischen meine Beine willst, sieh zu, dass sich der Kühlschrank füllt. Damit ist es meist nicht mehr getan, die Frauen kennen ihren Wert in harten Dollars, und es gibt genügend Kubaner aus dem In- und Ausland, die Geld haben, diesen Preis auch zu bezahlen.

Über Sex gegen Geld in Kuba ist viel geschrieben worden, mehr als in Bezug auf jedes andere lateinamerikanische Land, auch wenn der Anteil an Prostituierten in der Dominikanischen Republik, Costa Rica und Jamaika nicht geringer sein dürfte. Letztlich ist die Rückkehr der Prostitution ein Zeichen dafür, dass sich ein Kapitalismus in Kuba eingenistet hat, in dem jede Ware, jede Dienstleistung ihren Preis hat. Nicht nur Prostituierte, auch junge Ärztinnen, Blumenflechterinnen, Friseurinnen schauen den jungen Männern heute nicht mehr nur in die schönen Augen. Sex kann auf Kuba inzwischen auch ohne direkte Bezahlung zum Vehikel für ökonomischen Aufstieg werden. »Die Liebe in Kuba ist tot«, stöhnt der 21-jährige Maykel, der nicht genügend Geld hat, um für einige der Frauen noch interessant zu sein:

»Wenn du keine Dollars hast, hast du bei Mädchen in Kuba keine Chance.« Das stimmt für manche Frauen und für andere überhaupt nicht. Genauso wie in New York, Zürich, Hamburg-Eppendorf oder München-Schwabing.

Kolonialismus, Kommunismus, Kapitalismus: Die Geschichte hat also Spuren hinterlassen im kubanischen Liebesleben. Aber es gibt einen weiteren, simplen Grund für den häufigen Partnerwechsel auf der Insel: Scheidungsraten sind immer auch ein Ausdruck des Klimas, wie eine Untersuchung aus den USA belegt. Dort zeigte sich: Jene Staaten, die eine höhere Anzahl an Tagen im Jahr haben, an denen es warm genug für einen Bikini oder eine Badehose ist, sind auch die Staaten mit den höheren Scheidungsraten: der Bikini-Index entscheidet über die Haltbarkeit der Ehen.

Auf Kuba herrscht an etwa 300 Tagen im Jahr Bikini-Wetter. An heißen Tagen treten junge Frauen in Havanna in einen unausgesprochenen Wettstreit, wer mit noch weniger Stoff das Nötigste bedecken kann. Was auch immer angezogen wird, muss hauteng anliegen, um die Formen zu betonen – egal, wie üppig diese sind: Kubanische Frauen haben in der Regel kein Problem damit, wenn ihr Hinterteil weit über den Durchschnitt hinausragt, und niemand käme auf die Idee, seine Körperfülle unter weiter, flatternder Kleidung zu verstecken. Wozu auch? Zwar werden auf Kuba Frauen sofort nach ihrer Körperform eingeteilt, doch über eine Frau mit mächtigem Hinterteil sagen kubanische Männer anerkennend »está buena!«, »Die ist aber gut ausgestattet!«. Als Schimpfwort dagegen gilt *la flaca*: »die Dünne«, eher sogar »die Dürrbeinige«.

Wenn also alles knapp und hauteng eingepackt wurde, muss es fachgerecht bewegt werden; und das hat mit der plattfüßigen, desinteressierten Art und Weise, wie europäische Models auf dem Laufsteg gehen, nichts zu tun. Kubanische Frauen erkennen Ausländerinnen zuerst an ihrer Art zu gehen, an jener absichtslosen Art der Fortbewegung, in der der Körper zum reinen Instrument mit mechanischer Funktion genutzt wird. Männerblicke stören da nur und werden mit strafenden Blicken zurückgewiesen.

Kubanerinnen dagegen sind sich ihrer Wirkung bewusst und werden an jeder Straßenecke daran erinnert. Kubanische Männer haben den *piropo*, das öffentliche Kompliment, zu einer Kunstform entwickelt, die ständig die Grenze auslotet zwischen Nettigkeit und Anmache, zwischen Huldigung und Beleidigung. Gute *piropos* sind Gedichtanfänge, schlechte sind Liedzeilen aus einem *reguetón*.

Harmlose *piropos* sind nichts weiter als unbeholfene Elogen auf die Schönheit:

»Wenn der heilige Lazarus dich sieht, wirft er die Krücken weg und läuft dir nach!«

Oder: »Jetzt bin ich seit so vielen Jahren Gärtner, aber eine Blume wie dich habe ich noch nie gesehen.«

Oder: »Deine Mutter muss Zuckerbäckerin sein! So ein Sahnestück wie dich kriegt nicht jede hin.«

Fortgeschrittene *piropos* wagen sich weiter vor:

»Mámi, wenn du so kochst, wie du gehst, dann kratze ich sogar das Verbrannte aus dem Topf.«

Alle *piropos* sind per se frauenfeindlich und machistisch, und manche würden in Deutschland schallende Ohrfeigen nach sich ziehen. Zum Beispiel:

»Mädchen, deine Hose ist kapitalistisch!«

»Wieso?«

»Na, wegen der unterdrückten Massen …«

Oder, frech: »Du bist bestimmt müde heute, nach all dem, was wir in meinem Traum gestern Nacht miteinander getrieben haben.«

Frecher: »Tolle Hose! Die sieht bestimmt toll aus auf dem Boden meines Schlafzimmers.«

Poetisch: »Ich wette, heute schläfst du mit den Engeln und träumst von mir. Aber bald wirst du bei mir schlafen und von Engeln träumen.«

Manche Frauen sind genervt und sehen das Kompliment als Verletzung ihrer Privatsphäre, als Relikt aus einer Macho-Zeit, in der Frauen nur als Objekte gesehen wurden, die es zu erobern galt. Auch wenn die meisten Komplimente charmant klingen, sind sie nicht mehr als ein Schleier über der Realität, dass die meisten kubanischen Männer trotz aller Emanzipation immer noch Steinzeit-Machos sind. Hausarbeit, Kindererziehung und Windelwechsel sind Frauensache. Ein Mann, der viele Frauen hat, ist ein *picaflores*, ein »Blümchenpflücker«. Die Frau, die viele Männer hat: eine *puta*, eine Hure. Für Frauen birgt das kokette Spiel der Komplimente mehr Gefahren als für Männer; auch in Havanna kann man ausgerechnet am »Tag der Frau« beobachten, wie ein junger Mann seine Holde auf offener Straße schlägt und ein anderer die seine an den blondierten Haaren über die Straße ins Haus zerrt. Ein böser kubanischer Spruch sagt: »Die Frauen gehören ins Haus und die Männer auf die Straße.«

Die meisten Kubanerinnen fürchten aber nicht die *piropos*, wenn sie auf die Straße gehen – sie fürchten den Tag, an dem sie ohne Kompliment nach Hause kommen. Und wenn ein Verehrer zu aufdringlich wird, gibt es auch *piropos*, um ihn wieder loszuwerden. Wie, das hat die kubanische Rapperin Telmary in einem ihrer Lieder vorgemacht:

»Junge, du kannst doch Auto fahren, oder?«

»Äh, ja. Warum?«

»Na, dann gib Gas und hau ab!«

All das sind Fingerübungen im Spiel der Geschlechter, doch *piropos* sind immer auch zielstrebig ausgeworfene

Angelhaken: Mal sehen, ob sie anbeißt. Kubanische Männer sind selten um ein Argument verlegen, um zu erklären, warum sie im Zweifel die besseren Sexualpartner seien und warum jetzt eigentlich der richtige Moment sei, genau das unter Beweis zu stellen. Eine Frau, die zum dritten Mal hintereinander auf dem Markt eine Ingwerwurzel kauft, wird einfühlsam vom Verkäufer befragt, ob es eventuell Probleme gebe mit der Potenz des Gatten? Denn, sollte es so sein, wäre er, der Händler, gern bereit, hin und wieder auszuhelfen. Auf einem deutschen Wochenmarkt ist das schwer vorstellbar.

Ob Kubaner am Ende tatsächlich mehr Sex haben oder nur mehr darüber reden, sei dahingestellt; sicher ist: Sie haben ein entspannteres Verhältnis dazu als die meisten Mitteleuropäer. Der uruguayische Autor Fernando Ravsberg, der seit mehr als zwanzig Jahren auf Kuba lebt, glaubt, dass die meisten Kubaner beim Fremdgehen kein schlechtes Gewissen haben: »Für die Menschen hier ist der Sex keine teuflische Verführung, sondern ein Wunder des Lebens.«

Gesundheit: Die größte Hilfsorganisation der Welt

Kubas Gesundheitswesen hat einen legendären Ruf bei den Armen dieser Erde. Kein Wunder: De facto betreibt Kuba die größte medizinische Hilfsorganisation der Welt.

Ich liege bäuchlings auf der Pritsche in einem fensterlosen Kellerraum, in dem nur eine Neonleuchte flackernd grünes Licht spendet, und schwitze erbärmlich. In meinem entblößten linken Bein steckt ein halbes Dutzend haarfeine Nadeln, die über Kabel mit einem Apparat verbunden sind, auf dem Instrumente nervös zuckend über den schwankenden Stromfluss Auskunft geben. Neben der Pritsche steht ein junger Schwarzer im weißen Arztkittel mit ernstem Gesicht und einem altmodischen Klemmbrett in der Hand. Er hat zuvor die Nadeln in mein Bein gebohrt, und als er den Drehschalter am Stromgenerator langsam nach rechts dreht, sagt er: »Das wird jetzt gleich ein bisschen wehtun.« Und während der Mann im weißen Kittel etwas auf seinem Klemmbrett notiert, durchzuckt ein Stromschlag mein Bein und lässt meine Zehen zittern. Ich beiße die Zähne zusammen. Schuld an dieser Misere ist ausgerechnet: der Buena Vista Social Club.

Doch der Reihe nach.

Als ich im Mai 1998 nach Kuba reise, hat in Deutschland noch kaum jemand von jener Gruppe alter Männer gehört, die den *Son* und den *Guaguancó* wiederbeleben wollen, die traditionelle kubanische Musik. Zwar hat ihre Schallplatte gerade einen Grammy gewonnen, doch auch auf Kuba selbst kennt fast niemand das Projekt. Die Musiker proben in Hinterhöfen, und wenn die tropischen Nachmittagsgewitter anrollen, raffen sie hastig ihre Instrumente zusammen und flüchten ins Haus. Wir treffen den legendären Sänger Ibrahim Ferrer, der bald darauf in der Carnegie Hall in New York auftreten wird, in demselben winzigen Apartment, in dem er die Jahre zuvor als Schuhputzer gelebt hat, bis eines Tages ein Junge an seine Tür klopfte und sagte: Ibrahim, drüben im Studio proben sie, und sie suchen dich.

Auch die Background-Sänger treffen wir, die hellhörig werden, als ich ihnen erzähle, dass ich gerade aus New York komme. Sie kritzeln mir aufgeregt und in Großbuchstaben den Namen jener neuen Pille auf einen Zettel, von der sie Wunderdinge gehört haben und die ich ihnen unbedingt beim nächsten Besuch mitbringen soll: BIAGRA!!! Und sind zutiefst enttäuscht, als ich ihnen erzähle, dass man für eine dieser Pillen ein kubanisches Monatsgehalt hinblättern müsste: »Da erfindet die Wissenschaft einmal etwas Gutes, und dann ist es doch nur wieder für die Reichen!«

Einer der wichtigsten Protagonisten des Buena Vista Social Club ist der Pianist Ruben González. Er lebt in einer dunklen, engen Wohnung in Centro Habana; in die Gitter vor dem Fenster hat ein Schmied eiserne Violinschlüssel eingearbeitet, ein poetischer Tupfer Schönheit in der staubigen Straße. González ist schon etwas vergesslich, als sich der Buena Vista Social Club zusammenfindet – manchmal fängt er bei Auftritten irgendein Stück an zu spielen, das gar nicht auf dem Plan steht, und bringt die Kollegen, die eigentlich

| 166

gerade Pause haben, dazu, auf die Bühne zu spurten und hastig zum Instrument zu greifen, um den Pianisten zu begleiten. Wir bringen Ruben González immer einen Liter Milch mit, wenn wir ihn besuchen, worüber er sich jedes Mal unverhältnismäßig freut – frische Milch war schon immer ein teures und rares Gut auf Kuba – und wodurch er sich dann meistens doch an uns erinnert. In seiner Wohnung hat González, zu dieser Zeit einer der größten und bald einer der bekanntesten Jazz-Pianisten Lateinamerikas, nur ein kleines E-Piano, für ein Zeitschriftenfoto gänzlich ungeeignet. Wir bitten ihn deshalb in eine weitgehend leer stehende, verfallende Villa in Miramar, in dem ein grandioser Konzertflügel in einem grandiosen, morbiden Ambiente langsam zu Staub verfällt. Als wir dort eintreffen, steht der Flügel allerdings an der falschen Stelle, findet der Fotograf, und als wir – Hauruck! – versuchen, das viel zu schwere Instrument zu verrücken, fährt es mir wie ein Blitz in den Rücken. Bandscheibenvorfall, ich liege auf dem harten Steinboden der Villa und kann mich kaum noch bewegen. Mein Glück: Ich befinde mich in einem Land, das über eines der besten Gesundheitssysteme der Welt verfügt.

Kubas Gesundheitswesen hat einen legendären Ruf, vor allem bei den Armen dieser Welt, die sich keine Arztbehandlung leisten können. Was nur wenige wissen: Schon vor der Revolution der bärtigen Rebellen verfügte Kuba über eine hohe Dichte an Ärzten, sogar über die höchste in ganz Lateinamerika. Doch die Ärzte waren ungleich über das Land verteilt. Sie residierten in Havanna und betreuten dort die Reichen und die Mittelklasse, während die Landbevölkerung praktisch über gar keine Gesundheitsversorgung verfügte und auf die *Santería*-Heiler angewiesen war. Nach der Revolution wanderten Tausende Ärzte aus; am Ende blieben nur noch 3000 Doktoren für das ganze Land und nur sechzehn Professoren in der medizinischen Fakultät an der Universität Havanna. Die Lage war dramatisch und wurde durch das mörderische Embargo der USA noch verschärft. Medikamente fehlten, Personal war knapp. Kranke blieben unbehandelt, Kinder starben an einfachen Infektionen.

Am 19. August 1960 schließlich machte sich Che Guevara das Thema zu eigen. In einer Rede wagte er einige sehr wilde Prognosen über die Zukunft (»Der Kapitalismus, unter dem wir gelitten haben, wird gerade überall auf der Welt besiegt!«), um dann von seiner eigenen Erfahrung als Arzt erst in Argentinien und dann überall in Lateinamerika zu erzählen: »Ich habe Armut gesehen, Hunger, Seuchen. Ich wollte ein revolutionärer Doktor sein, doch ich stellte fest, dass revolutionäre Medizin erst möglich ist, nachdem es eine Revolution gegeben hat.«

Schließlich legte Che Guevara die Grundzüge dieser »revolutionären Medizin« dar, die erstaunlich moderne Züge trug. Je besser die Menschen über Medizin Bescheid wüssten, so Guevara, umso besser wären sie in der Lage, sich gegen Krankheiten zu wappnen. Ärzte sollten seiner Ansicht nach nur in Notfällen intervenieren müssen, etwa bei Operationen. Alle Kubaner sollten deswegen in Präventivmedizin geschult werden. Es war die Umkehrung eines Paradigmas: Anstatt eine Elite von Ärzten zu unterhalten, die in teuren Arztpraxen Reiche von ihren Krankheiten kurierten, war Gesundheit fortan eine Aufgabe aller, des gesamten Volkes. Statt auf ärztliche Kunst setzte Che Guevara auf moderne Wissenschaft und Breitenbildung – in Zeiten, lange bevor sich Krankenkassen in »Gesundheitskassen« umbenannten, war dies tatsächlich ein revolutionärer Ansatz.

Das Gesundheitswesen wurde zur Priorität kubanischer Politik. Mit revolutionärem Eifer schleuste die Regierung ganze Generationen von Schulabgängern durch die medizinische Ausbildung. Die Arztdichte wuchs in vierzig Jahren um das Sechsfache und gehört heute zu einer der höchsten der Welt; auf 170 Einwohner kommt ein Arzt (in Deutschland liegt der Wert über 200). In jedem noch so kleinen Dorf praktizieren heute *médicos de la familia*; Hausärzte, die sich besonders um Schwangere und Kinder kümmern. Sie leben in zweistöckigen Häusern, die eigens für sie gebaut werden; mit der Praxis im Erdgeschoss und der geräumigen Wohnung im Obergeschoss.

Durch die flächendeckende Versorgung mit Medizinern gelang es Kuba, mithilfe effizienter Impfkampagnen Röteln und Kinderlähmung auszurotten. Als sich in den 1980er-Jahren Aids in der Welt ausbreitete, schien Kuba mit seiner liberalen Sexualmoral prädestiniert für eine verheerende Epidemie; doch die kubanischen Behörden reagierten rasch und hart. Noch bevor der erste Fall auf Kuba bekannt wurde, wurde in Santiago de Las Vegas nahe Havanna ein Sanatorium gebaut, die »Finca Los Cocos«. Als 1986 die ersten HIV-Infektionen auf Kuba registriert wurden, setzte das Gesundheitsministerium eine massive Aufklärungskampagne in Gang; Kondome wurden überall kostenlos verteilt. Infizierte wurden in der »Finca Los Cocos« zwangsinterniert.

Die Kindersterblichkeit liegt heute in Kuba bei 4,2 Todesfällen pro 1000 Lebendgeborenen, das ist der beste Wert auf dem gesamten Kontinent und weltweit in der Spitze. Nur einige sehr reiche Industriestaaten schaffen bessere Werte, nicht aber die USA: Dort liegt der Wert bei 6,0 und damit seit vielen Jahren deutlich höher als auf Kuba. In manchen armen Bundesstaaten der USA, etwa in Mississippi, liegt er sogar bei über 12 – und damit auf Drittweltniveau.

Seit 1976 ist das Grundrecht auf kostenlose Krankenversorgung in der kubanischen Verfassung festgeschrieben.

Kubaner nehmen dieses Grundrecht sehr wörtlich. Ich habe bei Freunden – Ärzten, die auf dem Land leben und praktizieren – erlebt, was das bedeutet: Sie können sich kaum zum Essen hinsetzen, ohne dass vom Gartentor her ein langgezogenes, fragendes »méeeeedico?« ertönt, der Ruf nach dem Dorfarzt. Und während Reis, Bohnen und frittierte Kochbananen kalt werden, sitzt der Arzt dann im Wohnzimmer, um noch schnell ein Rezept auszustellen oder den Bauch abzutasten. Vor allem für die Betreuung von Schwangeren und kleinen Kindern lassen die Hausärzte alles stehen und liegen. Ein krankes Kind bedeutet höchste Alarmstufe; die Ärzte tragen persönliche Verantwortung für die Gesundheit der Kinder in ihrem Beritt: Die niedrige Kindersterblichkeit ist Kubas wichtigste Propagandawaffe. Ich habe Ärzte erlebt, die in der Spezialperiode, als es kaum noch Hygieneartikel zu kaufen gab, einer Schwangeren ihr letztes, eigenes Stück Seife in die Hand gedrückt haben, nur um sicherzustellen, dass sie sich damit vor möglichen Infektionen schützen kann.

In der Spezialperiode geriet das Gesundheitswesen auf Kuba, wie alles auf der Insel, in eine schwere Krise. Medikamente wurden knapp, in vielen Krankenhäusern fehlte es am Nötigsten. Patienten mussten zur Behandlung ihre eigene Bettwäsche mitbringen und sie selbst mit dem eigenen Waschmittel waschen, wenn sie welches organisieren konnten. Auch für ihre Verpflegung mussten sie selbst sorgen. Letzteres war ohnehin üblich: Kubanische Krankenhäuser sind wesentlich lebendigere Orte als deutsche Kliniken. Die Krankenzimmer verfügen zwar über keine Fernseher, dafür aber über Schaukelstühle für die Angehörigen der Patienten. Besuchszeiten sind weitgehend unbekannt oder werden ignoriert; wird ein Kubaner operiert oder muss er aus anderen Gründen längere Zeit in der Klinik bleiben, wechseln sich die Familienmitglieder mit der Betreuung ab, nicht selten rund um die Uhr – und verbringen Nacht um Nacht hingestreckt im Schaukelstuhl oder auf einer Matte auf dem Boden. Was in Deutschland nur für ängstliche Kinder gilt, ist in Kuba allgemein gültig: Kubanerinnen und Kubaner sind in der Regel einfach nicht gern allein. Schon gar nicht, wenn sie im Krankenhaus liegen.

Trotzdem hatte die Mangelwirtschaft der Spezialperiode einen erstaunlich positiven Effekt auf die Volksgesundheit in Kuba. Fleisch verschwand vom Speisezettel, sogar Zucker wurde knapp; nur Reis, Bohnen und ab und zu Gemüse waren noch zu beschaffen. Eltern ließen mindestens eine Mahlzeit am Tag aus, damit wenigstens die Kinder genug zu essen hatten. Statt mit dem Bus, der nicht mehr kam, fuhren die Menschen mit dem Fahrrad zur Arbeit oder gingen zu Fuß. Während der harten Jahre der Spezialperiode sank die Zahl der Übergewichtigen zum Beispiel in der Küstenstadt Cienfuegos von moderaten vierzehn auf nicht einmal sieben Prozent der Bevölkerung. Zum Vergleich: In Deutschland sind mehr als die Hälfte der Erwachsenen zu dick.

In Kuba zeitigte die Mangelernährung erstaunliche Folgen. Zwischen 1997 und 2002 sank die Zahl der Diabetes-Todesfälle um 51 Prozent. An Herzinfarkt starben 35 Prozent weniger Menschen, die Zahl der Schlaganfall-Toten ging um zwanzig Prozent zurück, wie eine Studie des *American Journal of Epidemiology* belegte. Einer der Forscher nannte die Spezialperiode »das erste und vermutlich einzige groß angelegte Experiment, geboren aus unglücklichen Umständen, das zeigte, welche Auswirkungen eine Gewichtsreduktion quer durch alle Bevölkerungsschichten« auf Zivilisationskrankheiten hat: durchweg positive. Die Studie gilt heute als Bestätigung der Theorie, wonach eine leichte

Unterernährung die Lebenserwartung deutlich verlängert –
was auch in entsprechenden Laborversuchen mit Mäusen
nachgewiesen wurde. Ein leichtes Hungergefühl tut unserem Körper gut.

Leider ist in Kuba seit dem Ende der Spezialperiode das
umgekehrte Experiment im Gange: Inzwischen gelten bereits mehr als ein Drittel der Kubaner als übergewichtig, Ten-
denz steigend. In der Spezialperiode war ein kugelrunder
Bauch ein Statussymbol; und dieses Bild wirkt bis heute
nach: Während Deutsche ihr Bauchfett lieber unter weiten
Hemden verstecken, schieben kubanische Männer gern
noch extra das T-Shirt hoch, um ihre Wampe zu präsentieren. Es ist ein wenig wie in Deutschland nach den Hunger-
jahren der Nachkriegszeit: Wer so lange unter dem Mangel
gelitten hat und nicht wusste, woher die nächste Mahlzeit
kommen würde, dem vermittelt ein voller Teller ein wohli-
ges Gefühl von Sicherheit.

Was in der Spezialperiode allerdings verloren ging, war die
Gleichheit und Gerechtigkeit im Gesundheitswesen. Als der
kubanische Staat 1993 den US-Dollar als zweites Zahlungsmittel legalisierte, schuf er damit über Nacht eine zweite
Ökonomie, auch für Ärzte, Pfleger und Apotheker, die
ebenso unter der Mangelwirtschaft litten. Von da an gab es
auf Rezept fast nichts mehr – für harte Dollars aber gab es
nichts, was es nicht gab. Wer wollte (und das Geld hatte),
konnte sich in Havanna in einer provisorischen Zahnarzt-
praxis im Wohnzimmer auf einem gusseisernen Friseurstuhl
für achtzig Dollar einen Goldzahn einsetzen oder im Krankenhaus für zwanzig Dollar eine eilige Abtreibung vorneh-
men lassen. Wer keine Dollars besaß, musste ewig auf seinen
OP-Termin warten, stundenlang für eine Röntgenaufnahme
anstehen und holte sich in der Apotheke nur noch Abfuh-

ren ein. Antibiotika, Schmerzmittel, Brillen: Für alles gab es plötzlich eine inoffizielle Unterscheidung zwischen zahlenden Privat- und verarmten Kassenpatienten.

Viele Ärzte versuchten, das Land zu verlassen, als sie erfuhren, was ihre Kollegen in anderen Ländern verdienten. Um zu verhindern, dass das Gesundheitswesen ausblutet, setzte der Staat rigide Reisebeschränkungen in Kraft: Wer zum medizinischen Personal gehörte, durfte nicht ausreisen. Wer daraufhin seine Arbeit niederlegte und sich einen anderen Job suchte, musste fünf Jahre warten, bevor er auch nur daran denken konnte, Verwandte im Ausland zu besuchen.

Die einzige Möglichkeit, sich etwas Geld dazuzuverdienen, bestand für viele Ärzte darin, sich in den Dienst der weltweiten kubanischen Gesundheitshilfe zu stellen. Wer als Mediziner bereit war, sich irgendwo in die entlegensten Winkel der Dritten Welt versetzen zu lassen, bekam einen monatlichen Aufschlag von umgerechnet vierzig Euro in harter Währung – lange Zeit galt dies auf Kuba als ein gutes Gehalt. Doch dieses Geld musste hart erarbeitet werden. Ich habe in den schlimmsten Armenvierteln der venezolanischen Hauptstadt Caracas kubanische Ärzte getroffen, die sich nachts nicht aus ihrem Haus trauten wegen der ständigen Schießereien in der finsteren Welthauptstadt des Straßenraubs. Und ich habe in Havanna eine junge Frau getroffen, Sulema Ferrer, die zwei Jahre in Venezuela im Einsatz war und in dieser Zeit einmal im Bus überfallen wurde. Das heißt, »der gesamte Bus wurde überfallen«, erzählte Sulema mir bei Pizza und Cola, ihre Hände zittern leicht. »Die Tür ging auf, und Männer mit Gewehren stiegen ein. Sie gingen durch den Bus nach hinten und verlangten von allen den Geldbeutel. Als ich meinen übergab, schaute einer der Männer rein, und als er sah, dass ich Kubanerin war, gab er ihn mir zurück. Er sagte: ›Du hast Glück. Kubanische Ärzte haben meine Tochter gerettet, als sie drei Jahre alt war. Du kannst gehen.‹«

Die »Missionen«, wie die Auslandseinsätze auf Kuba heißen, dauern in der Regel zwei Jahre, in denen die Ärzte – je nach Einsatzgebiet – ein- bis zweimal nach Hause fliegen dürfen. Die lange Einsatzzeit belastet die Familien der Betroffenen; ich kenne Ärzte, deren Ehe über die lange Trennung in die Brüche ging: Als sie nach Hause kamen, war die Liebste nicht nur mit dem Nachbarn durchgebrannt, sie hatte auch das ganze Geld ausgegeben, das der Ehemann aus dem afrikanischen Busch in die Heimat geschickt hatte. Die Einsatzorte der kubanischen Ärzte zählen zu den schwierigsten Gebieten weltweit. Oft sind es entlegene Regionen, in die auch der lange Arm der internationalen Hilfsorganisationen nicht reicht: irgendwo im Nirgendwo im brasilianischen Regenwald oder in Äquatorial-Guinea oder in gefährlichen Vierteln der Städte Afrikas und Lateinamerikas.

Kuba begann bereits 1963, andere Länder mit Ärzten zu versorgen. Was die kubanischen Ärzte in der Dritten Welt leisten, ist in den reichen Nationen wenig bekannt, aber schlicht spektakulär. Bis heute tun zu jeder Zeit rund 50 000 Ärzte und Krankenschwestern im Ausland Dienst, verteilt auf mehr als sechzig Länder. Das sind mehr Ärzte für die Dritte Welt als aus allen G8-Staaten zusammen.

Nach dem katastrophalen Erdbeben in Haiti im Jahr 2010, als 200 000 Menschen starben und Millionen obdachlos wurden, versprachen die reichen Länder der Welt mehr als neun Milliarden Dollar Hilfe. Doch nur ein Bruchteil des Geldes kam jemals an, und das meiste davon stammte aus Töpfen internationaler Organisationen. Kuba hingegen stellte in Haiti das größte Kontingent an medizinischem Personal. Die kubanischen Ärzte allein versorgten mehr als vierzig Prozent der überlebenden Haitianer.

Im Jahr 2004 ersannen Fidel Castro und der damalige venezolanische Staatschef Hugo Chávez die »Operation Wunder« (*operación milagro*), ein Programm zur Behandlung Blinder und Sehbehinderter in Venezuela. Seitdem wurde das Programm immer mehr ausgeweitet, und nach zehn Jahren hatten kubanische Ärzte Augenkliniken und Operationszentren in vierzehn Ländern Lateinamerikas etabliert. Mehr als 3,5 Millionen Menschen konnten nach Behandlung und Operationen durch kubanische Ärzte wieder sehen – niemand von ihnen hatte dafür auch nur einen Peso, Cent oder Dollar bezahlt.

Seit knapp zwei Jahrzehnten bildet Kuba zudem in einer eigens dafür errichteten medizinischen Fakultät in Havanna, der »Escuela Latinoamericana de Medicina«, oder kurz ELAM, junge Studenten aus der gesamten Dritten Welt zu Ärzten aus. Die Universität zählt 20 000 Studenten; Hunderttausende haben das Programm schon absolviert und sind als Ärzte in ihre Heimatländer zurückgekehrt. Auch sie, ohne für die Ausbildung zu bezahlen.

UN-Generalsekretär Ban Ki-Moon bezeichnete die ELAM als die »fortschrittlichste medizinische Lehranstalt der Welt«. Die kubanischen Ärzte lobte er als »die Ersten, die vor Ort sind, und die Letzten, die gehen«. Das gilt auch für Katastrophen, die andere Länder überfordern. Als 2014 ein Ebola-Ausbruch Westafrika heimsucht, auf den hin westliche Länder mit Flugverboten, Panik und Quarantäne reagieren und die USA Soldaten und Waffen schicken zur Aufrechterhaltung der Sicherheit, sendet Kuba mehr als 400 Ärzte. Alle haben zuvor ihr Einverständnis gegeben, dass, sollten sie sich in Westafrika mit Ebola infizieren und sterben, sie in der fremden Erde bestattet würden. Und während die deutschen Helfer noch versuchen, ein funktionierendes Bundeswehrflugzeug zu finden, das sie ins Katastrophengebiet bringen könnte, bauen die Kubaner bereits die ersten Feldlazarette auf.

Als sich der kubanische Arzt Félix Báez in Sierra Leone mit dem Virus infiziert, wird er in die Schweiz ausgeflogen und dort behandelt. Er überlebt die Krankheit nur knapp, wird dann aber kuriert und nach Kuba ausgeflogen. Als er sich nach einem Monat von der Infektion erholt hat, fliegt er zurück nach Sierra Leone: Er habe seinen Kollegen versprochen zurückzukehren, sagt er, und dieses Wort will er halten.

Die internationalen Einsätze der kubanischen Ärzte sind diplomatisches Kapital, das Kuba viel Ansehen in der Dritten Welt verschafft. In vielen armen Ländern gilt Kuba immer noch als Vorbild – wegen des jahrzehntelangen Widerstands gegen die Dominanz der Vereinigten Staaten auf dem amerikanischen Kontinent, aber auch wegen der seit Jahrzehnten konsistenten humanitären Arbeit. Inzwischen schafft es der kubanische Staat auch, daraus wirtschaftlich Kapital zu schlagen. Einige Einsätze lässt sich Kuba mit Gegengeschäften finanzieren. Aus Venezuela bezieht das Land stark verbilligtes Erdöl als Gegenleistung für die medizinische Hilfe. Als 2014 mehr als 4500 kubanische Ärzte im brasilianischen Dschungel ihren Dienst antreten, verpflichtet sich die brasilianische Regierung, dafür jährlich 270 Millionen Dollar nach Havanna zu überweisen. Brasilianische Gewerkschaften reagieren mit einem Aufschrei; sie klagen, kubanische Ärzte würden für Dumpinglöhne arbeiten und damit den Markt verderben.

Die schlechte Bezahlung der kubanischen Ärzte, die Dienst im Ausland leisten, hat der kubanischen Regierung immer wieder Kritik eingebracht. Erst nach der Aufhebung der Reisebeschränkungen im Jahr 2013, als es den Ärzten also freistand, das Land zu verlassen und sich niederzulassen, wo sie wollten, begann der Staat, die Mediziner für den Auslandseinsatz einigermaßen angemessen zu entlohnen. Seitdem können sie gut tausend Dollar pro Monat verdienen. Natürlich bleibt dann immer noch der Großteil des Geldes, das ausländische Staaten bezahlen, beim kubanischen Staat hängen.

Doch das Geld hilft der kubanischen Regierung auch, das Gesundheitswesen auf der Insel auf einen aktuellen Stand zu bringen. Nach dem Ende der Spezialperiode gibt es zwar immer noch viele Medikamente, die leichter mit Devisen zu beschaffen sind, doch die Situation in den Hospitälern und Polikliniken hat sich deutlich gebessert. Viele kleine Krankenhäuser auf dem Land haben das erste Mal seit Jahren wieder einen Anstrich bekommen, und natürlich, wie so oft auf Kuba, strahlen auch ein paar Wohnhäuser nahe der Klinik im selben frischen Hellgrün. Weil irgendjemand in der Verwaltung viel zu viel Farbe bestellt hat, die dann mit viel Wasser verdünnt und großzügig im Dorf verteilt wurde, jedenfalls an jene, die sich das leisten konnten.

Und noch immer unterlässt das kubanische Gesundheitswesen nichts, um das Leben eines Kindes zu retten, auch wenn der Kampf aussichtslos erscheint. Davon kann ich mir bei einem Besuch bei Labiofam in Havanna ein Bild machen, einer unscheinbaren, aber in Kuba immens wichtigen Firma in den Außenbezirken der Stadt, nahe dem Flughafen. Labiofam ist ein eigenartiges Konglomerat chemischer Produktionsstätten, die unter anderem Kosmetika, Plastikbehälter, Insektenvernichtungsmittel und Krebsmedikamente herstellen – vergleichbar vielleicht mit der BASF, wenn auch viel kleiner und familiärer.

Bei meinem Besuch wird Labiofam von José Antonio Fraga Castro geleitet, einem Neffen von Fidel Castro. Der

Doktor Fraga Castro ist, so erzählt mir später eine Ärztin, bei seinen Angestellten geliebt und gefürchtet: Einerseits sorgt er dafür, dass alle Mitarbeiter genügend Zulagen in harter Währung bekommen, damit sie einigermaßen leben können. Andererseits zitiert er seine Mitarbeiter nicht selten zu Meetings um sechs Uhr früh herbei, was angesichts der Verkehrssituation in Havanna bedeutet, dass sie sich etwa um fünf Uhr früh von zu Hause auf den Weg machen müssen oder noch früher. Für Fraga selbst ist das kein Problem, erzählen seine Mitarbeiter; der bullige, ruhelose Chef mit dem mächtigen Schnauzbart kommt mit wenigen Stunden Schlaf aus und verbringt sowieso die gesamte Zeit im Betrieb. Mein Meeting mit dem Direktor ist für dreißig Minuten angesetzt, beginnt aber verspätet, wofür ich mit dem Labiofam-eigenen Erdbeerjoghurt entschädigt werde – es gibt offenbar nichts, was dieses Unternehmen nicht herstellt. Als ich am Ende vorgelassen werde, dauert unser Gespräch fast zwei Stunden – in denen Fraga Castro in einem leidenschaftlichen Vortrag von den Erfolgen erzählt, die seine Forscher mit einem neuen Krebsmedikament erzielt haben.

Labiofam vertreibt seit einiger Zeit ein Medikament unter dem Handelsnahmen Vidatox, das aus dem Gift des Blauen Skorpions gewonnen wird, einer nur auf Kuba heimischen (endemischen) Art. Zur Gewinnung des Gifts betreibt Labiofam zwei Skorpionfarmen, auf denen Zehntausende Tiere gezüchtet und dann regelmäßig »gemolken« werden. Vidatox genießt auf Kuba einen guten Ruf und wird, wie alle alternativen Krebsheilmittel, international heiß begehrt und vertrieben. Die Wirksamkeit ist anekdotisch beschrieben, doch nicht in großen internationalen Studien belegt.

Nun träumt Doktor Fraga von einem Durchbruch. Seinen Forschern sei es gelungen, erzählt er, ein Peptid aus dem Gift des Skorpions zu isolieren und zu konzentrieren. Das

Medikament, das sie daraus gewinnen, sei vielfach potenter als Vidatox; in wenigen Wochen will er es auf einem Kongress im »Hotel Nacional« vorstellen. Er lädt uns ein, einen seiner Patienten zu treffen, den siebenjährigen Leandro, der in der Provinz Pinar del Río lebt.

Am nächsten Morgen holt mich Niudis Cruz, die Ärztin, mit einem Geländewagen und Fahrer ab, um Leandro zu besuchen. Wir fahren zwei Stunden auf der Autobahn, vorbei an der Sierra del Rosario, der Gebirgskette, die sich bis weit in den Westen der Insel hinzieht. Dorthin hatte sich Che Guevara während der Kubakrise zurückgezogen, um in der Cuevo de los Portales, einer Höhle, einen geheimen Kommandoposten aufzubauen.

Leandro lebt mit seinen Eltern in einem kleinen Bungalow im Örtchen San Cristóbal, einem verlorenen Straßendorf im weiten Tal. Als wir ankommen, begrüßt der Junge die Doktorin überschwänglich, sie hat ihn in den vergangenen Jahren immer wieder besucht und betreut. Leandro ist aufgeweckt, hat Schwierigkeiten beim Sprechen, kann aber Fahrradfahren und interessiert sich brennend für die Digitalkamera des Fotografen.

Vor drei Jahren hatte Leandro plötzlich häufige Kopfschmerzen gehabt, sich immer wieder übergeben. »Zuerst dachten die Ärzte, es sei Migräne«, erzählt die Mutter, »dann konnte er auf einmal nicht mehr sprechen. Da haben die Ärzte den Tumor entdeckt.« Es war eine Geschwulst am Stammhirn, tief im Innern des Gehirns und deswegen nicht zu operieren. »Es ging ihm sehr schnell schlechter«, erzählt die Mutter weiter und zeigt uns Fotos aus dem Krankenhaus. »Wir haben zehn Monate in der Klinik verbracht. Wir haben im Schaukelstuhl geschlafen, unter dem Bett auf dem Boden. Leandro konnte nicht reden, sein Kopf schwoll immer weiter an. Er lag einfach nur da.« Im Oktober begannen die

Ärzte die Behandlung mit dem Skorpiongift-Extrakt. Im Dezember begann der Tumor, sich zu verkleinern. Danach ging es Leandro von Tag zu Tag besser.

Ob Vidatox tatsächlich Krebs bekämpfen kann, sogar »einen Durchbruch« darstellt, wie José Antonio Fraga Castro glaubt (»Das Problem Krebs werden wir lösen«), wird sich zeigen; sicher ist Skepsis geboten. Beeindruckend ist Leandros Geschichte aber aus einem anderen Grund: Sie zeigt, dass eine arme Familie vom Land eine Behandlung in Anspruch nehmen kann, die in anderen Ländern ohne Weiteres 100 000 Euro und mehr kosten könnte: Leandro wurde ein Dutzend Mal operiert, um die Wasserbildung im Gehirn in den Griff zu bekommen. Die Ärzte ließen etliche Computertomografien erstellen und verordneten 32 Sitzungen zur Bestrahlung. Natürlich hat die Familie dafür keinen Peso aus eigener Tasche bezahlt, auch nicht für den Rollstuhl und andere Hilfsmittel, die Leandro zwischendurch benötigte.

Damit ist der kleine Leandro kein Einzelfall; aufwendige Krebstherapien sind in Kuba nicht selten. Inzwischen können Kubanerinnen sich auch auf Staatskosten die Brüste verkleinern oder vergrößern lassen, wenn es dafür eine medizinische Indikation gibt; und seit einigen Jahren gibt es sogar Geschlechtsumwandlungen auf Rezept – ein Sieg der Transgender-Lobby, die allem tropischen Machismo zum Trotz auf Kuba aktiv und respektiert ist.

Die Erfolge des kubanischen Gesundheitswesens lassen sich in derartigen Anekdoten erzählen, aber sie lassen sich ebenso gut in Zahlen messen. Es sind beeindruckende Vergleiche: Kubaner leben im Schnitt dreißig (!) Jahre länger als ihre Nachbarn in Haiti und zehn Jahre länger als Menschen in den Armenvierteln der USA. In Nicaragua sterben sechsmal mehr Kinder als in Kuba, bevor sie ihren fünften Geburts-

tag erleben. In allen wichtigen Messgrößen für Gesundheitsversorgung liegt Kuba auf dem Stand der reichsten
Industrienationen und ragt trotzdem einsam heraus: Denn
dieses Ergebnis erzielt kein Land mit so geringen finanziel-
len Mitteln wie Kuba. Die Gesundheitsversorgung in den
USA kostet pro Patient im Schnitt 25-mal so viel wie in
Kuba – bei identischer Lebenserwartung. Und dies, obwohl
das Embargo der USA den kubanischen Ärzten Zugang zu
wichtigen Medikamenten, etwa bei der Bekämpfung von
Aids, jahrelang verwehrte.

Das Embargo zwang kubanische Ärzte dazu, sich intensiv
mit alternativer Heilkunde zu beschäftigen. Das erklärt auch,
warum ich nach meinem durchs Verrücken des Klaviers her-
vorgerufenen Hexenschuss auf der Pritsche landete, gespickt
mit Nadeln: Der Arzt, an den mich meine kubanischen
Freunde vermittelt hatten, war Experte in Akupunktur.
Nach zehn Behandlungen war ich schmerzfrei und konnte
wieder aufrecht gehen. Und der Arzt lud mich in das Feri-
enhaus von Freunden an der Playa Santa Maria im Osten
von Havanna ein, zu einer Strandparty, zu der ich Rum und
Bier beisteuern durfte.

Literatur: Die Gier nach Geschichten

»Die kubanische Revolution hat Situationen großer Einzigartigkeit geschaffen, die an anderen Orten unvorstellbar wären. Die kubanische Realität erzeugt in mir ein Verlangen, eine Gier, so viele Geschichten zu schreiben, dass drei Leben dafür nicht ausreichten.«

Wer wissen will, wie es um die Literatur eines Landes bestellt ist, braucht eigentlich nur einen Blick in seine Buchläden zu werfen. In den USA dominieren die Megastores, die im Angebotswettkampf (»Dreißig Prozent billiger!«) überwiegend literarisches Fast Food vertreiben. Sie liegen in Einkaufszentren vor den Städten, bequem mit dem Auto zu erreichen. Amerikas Literatur definiert sich über Volumen und Reichweite; Aktualität dominiert über Tradition, und erfolgreiche Autoren werden als Stars gehandelt und steigen zu Millionären auf. Bücher sind ein Produkt wie Zahnpasta, das sich auf einem kapitalistischen Markt behaupten muss. In den Buchläden liegen wenige Titel aus, aber in großen Stapeln; es sind die Titel, die der Markt will: der Massengeschmack.

In Deutschland dagegen findet sich in jeder Kleinstadt eine Idealistin, die einen eigentlich unmöglich kleinen Laden am Leben erhält. In den Regalen ihrer Bücherstube stehen auch Titel von Kleinstverlagen, die nur ein Dutzend Bücher im Jahr produzieren. Ihre Kundschaft nimmt Umwege in

Kauf, um zu ihr zu kommen. Bücher gelten als Kulturgut, geschützt durch niedrige Mehrwertsteuer und eine Buchpreisbindung, die in Deutschland eine einzigartige Vielfalt an Verlagen und Buchhandlungen erhalten hat. Natürlich hat die Buchhändlerin jedes Buch, das sie anbietet, auch selbst gelesen; das ist ja der Grund dafür, dass sie bei ihr im Regal stehen.

Und auf Kuba? Da ist natürlich alles ein wenig komplizierter. »La Moderna Poesía« gehört zu den schönsten Gebäuden in ganz Havanna, ein Jugendstiltempel, geweiht der Literatur. Erbaut von einem Einwanderer aus dem spanischen Galizien, der den Spitznamen »Pote« trug, »Eintopf«, weil er zu sparsam war, um in guten Restaurants zu dinieren, auch nachdem er schon zum Multimillionär aufgestiegen war. Pote eröffnete »La Moderna Poesía« in der allerbesten Lage der Stadt: hinter der »Floridita-Bar« am Eingang der Calle Obispo, der Fußgängerzone und Hauptschlagader der Altstadt. Dort steht sie noch heute, frisch renoviert.

Nur ein Tempel der Literatur ist sie nicht mehr. Wer durch die Glastüren ins Innere tritt, wird von Musik in unziemlicher Lautstärke empfangen, mal ist es Salsa, mal *reguetón*, mal Buena Vista. Ein großer Teil der Ladenfläche dient dazu, Musik-CDs anzubieten, außerdem gibt es Postkarten, Malstifte, Schreibblöcke, Kindergeburtstagsdekoration, was immer gerade an Aktionsware im Umlauf ist. Bücher auch, ja, aber wenige. Einige Bildbände für Touristen, ein wenig spanische Literatur, dazu García Márquez (der ein guter und bis zuletzt treuer Freund Fidel Castros war), aber kein Vargas Llosa (der zu viel Kritik an Castro geübt hat, um in kubanischen Buchläden geduldet zu werden). Alles lieblos dekoriert, überteuert. Die Verkäufer haben keine Ahnung davon, was da im Regal steht, und es interessiert sie auch nicht. Der Laden ist sowieso die meiste Zeit leer.

Aber »La Moderna Poesía« ist ohnehin nur der Versuch, ein paar Touristendollar einzutreiben. Viel interessanter sind die Regale der unscheinbaren »Librería Fayad Jamís«, benannt nach einem mexikanisch-kubanischen Poeten, einige Blocks auf der Calle Obispo abwärts in Richtung Plaza de Armas. Die Buchhandlung verkauft Bücher in Nationalwährung, und Carlos, einer der Buchhändler dort, kann den Kunden nach zwei, drei Fragen sicher zum Tisch in der Mitte der Buchhandlung dirigieren. Dort sind sogar weniger bekannte kubanische Autoren wie der hintersinnige Eduardo del Llano zu finden. Das gilt allerdings nur für den Aktionstisch in der Mitte, rundherum in den Regalen findet sich das übliche Sortiment kubanischer Buchhandlungen: meterweise Fidel Castro und Che Guevara, kiloweise Kapitalismuskritik. Ich frage Carlos, warum von jedem dieser Bücher so viele Bände im Regal stehen und von den Romanen, Erzählungen, Gedichten junger kubanischer Autoren so wenige, und er schaut mich mitleidig an und sagt leise: »Na, warum wohl: Weil das keiner kauft!« Romane dagegen werden ihm aus den Fingern gerissen. In kubanischen Buchhandlungen, lerne ich, stehen jene Bücher in den Regalen, die keiner haben will.

In wohl keinem Land Lateinamerikas wird so viel gelesen wie auf Kuba. Die Buchmesse in Havanna gehört zu den wichtigsten Kulturereignissen der Stadt; jedes Jahr im Februar stehen die Menschen Stunden vorher Schlange an der Umzäunung um die Festungen von El Morro und La Cabaña. Pünktlich um zehn Uhr morgens, wenn die Wächter die Tore öffnen, stürmen sie im Laufschritt zu den Ständen; Szenen, die man aus anderen Ländern nur kennt, wenn Handyhersteller neue Smartphones präsentieren. In den wenigen Tagen der Buchmesse werden Hunderttausende

Bücher verkauft (und Zehntausende geklaut, von den Verlagen mehr oder weniger geduldet). Manche schleppen Rucksäcke voll Lesematerial mit nach Hause, das sie durchs ganze Jahr trägt. Nach Havanna geht die Buchmesse auf Tour durchs ganze Land; am Ende werden allein auf der Messe fünf Millionen Bücher verkauft sein. Anders als im lesesatten und stets zeitknappen Europa landen diese Bücher nicht ungelesen im Regal, sie haben eine lange Wanderschaft von Hand zu Hand vor sich, von Haushalt zu Haushalt, bis sie zerlesen und zerfleddert irgendwann ein Plätzchen im Schrank finden.

Der Lesehunger der Kubaner kommt nicht von ungefähr. Kuba hat die niedrigste Analphabetenrate in ganz Amerika, dank der umfassenden Alphabetisierungskampagne nach der Revolution 1959, als Hunderttausende freiwillige Lehrer über Land zogen und noch dem letzten Bäuerchen das Lesen und Schreiben beibrachten. Seitdem bleibt kein Kind mehr ohne Schulausbildung, und auf den 47 Universitäten im Land studieren heute 400 000 Studenten.

Nach der Alphabetisierung gab es viel zu wenig Bücher im Land, und Importe aus Spanien waren für die Massen zu teuer, weshalb die Revolutionsregierung selbst die Druckerpressen anwarf, Verlage gründete. Alle Menschen, die lesen wollten, sollten sich auch Bücher kaufen können, so das hehre Ziel. Das weniger hehre Ziel: Was sie lesen, entscheidet der Staat mit seinen Kulturinstitutionen. Das führte über viele Jahre zu absurden Situationen: Wenn die Kubaner wissen wollten, was etwa in der spanischen Tageszeitung *El País* stand, mussten sie den Reden von Fidel Castro folgen, der aus der Zeitung gern ausführlich zitierte. Selbst kaufen konnten sie das Blatt nicht: Es fiel unter die staatliche Zensur.

Für die Schriftsteller war die Situation noch paradoxer. »Die Beziehung zwischen Staat und Literatur auf Kuba ist komplex und widersprüchlich, verrückt, und trotzdem lieferte sie paradoxerweise einen guten Nährboden für Autoren und Werke großer Qualität«, sagt der Exilschriftsteller Antonio Orlando Rodríguez einmal im Interview mit *El País*. Die gute Ausbildung, das hohe kulturelle Niveau der Universitäten hat den Schriftstellern »Flügel verliehen«, erklärt Rodriguez und ergänzt: »Verbunden aber mit der Anweisung, diese Flügel nur dazu zu nutzen, von einer Ecke des Käfigs in die nächste zu fliegen.«

Die literarische Tradition Kubas reicht natürlich vor die Revolution zurück. Kuba bot immer einen fruchtbaren Boden für große, ambitionierte Literatur. Alejo Carpentier (Jahrgang 1904) gilt als einer der Begründer des Magischen Realismus, sein Vorwort zum Roman »Das Reich von dieser Welt« (1949) geriet zu einem Manifest der literarischen Bewegung des »Wunderbar Wirklichen« und grenzt diese klar von der europäischen Variante ab. Die Europäer, erklärt Carpentier, haben den Glauben an das Wundersame durch die Aufklärung verloren, während in Lateinamerika das Unwahrscheinliche, Magische immer Teil des täglichen Lebens blieb. Davon handelt auch »Das Reich von dieser Welt«: Es erzählt von dem Aufstand der Sklaven Haitis gegen die französischen Besatzer, wobei die Sklaven auch die Gestalt von Tieren annehmen können und der europäischen Vernunft ihren Wunderglauben entgegensetzen. Mario Vargas Llosa nannte das Buch einen der »vollkommensten Romane, die in der spanischen Sprache im 20. Jahrhundert geschrieben wurden«. Carpentiers Essay über den Magischen Realismus war prägend für eine ganze Generation lateinamerikanischer Schriftsteller. Carpentier wurde, als einziger Kubaner jemals, sogar für den Nobelpreis für Literatur nominiert.

José Lezama Lima (Jahrgang 1910) schrieb nur zwei Romane, von denen nur der erste zu seinen Lebzeiten veröffentlicht wurde − »Paradiso« (1966), ein wildes, barockes Meisterwerk, ein eigener Kosmos, vergleichbar allenfalls mit James Joyces »Ulysses«. »Paradiso« erzählt die Geschichte dreier jugendlicher Freunde im Havanna vor und während der Revolution, doch die Handlung ist eher nebensächlich, auch in der posthum veröffentlichten, unvollendeten Fortsetzung »Inferno, Oppiano Licario« (1977): Entscheidend sind Szenen, Charaktere, Sprachgewalt. An einem Stück sind die Romane kaum zu lesen, aber in kleinen Dosierungen entführen sie in eine pralle Bilderwelt.

Eine wilde Redelust trieb auch Guillermo Cabrera Infante (Jahrgang 1929) an, der 1967 den Roman »Drei traurige Tiger« veröffentlichte, in dem er junge Männer beschreibt, die das Nachtleben Havannas im letzten Jahr vor der Revolution erkunden, ein verspieltes, melancholisches Stück.

Obwohl »Paradiso« und »Drei traurige Tiger« erst in den 1960er-Jahren erschienen, zählen sie sprachlich und inhaltlich eher zur vorrevolutionären Literatur. Lezama Lima begann bereits Mitte der 1940er-Jahre mit den Arbeiten an seinem Buch und schrieb dann mehr als zwanzig Jahre daran. Und Cabrera Infantes Werk zeigt sich unbeeindruckt vom kulturellen Gestus der Revolutionäre: Er will einfach nur erzählen.

Anders als seine beiden großen Vorgänger hielt es Cabrera Infante nicht lange im Castro-Kuba aus. Er verließ die Insel im Jahr 1965; seine Bücher sind dort bis heute nicht zu finden. Am 30. Juni 1961 hatte Fidel Castro in einer Rede vor Intellektuellen in der Nationalbibliothek die künftige Kulturpolitik Kubas mit einem klaren, furchtbaren Satz umrissen: »Welche Rechte haben die Schriftsteller und Künstler, seien sie revolutionär gesinnt oder nicht? Innerhalb der

Revolution: alle Rechte; außerhalb der Revolution: keine Rechte!«

Castros Schergen in den Kulturinstitutionen verstanden den Aufruf: Wer nicht für uns ist, ist gegen uns; und wer gegen uns ist, muss vernichtet werden. Die Hetzjagd gipfelte 1971 in der Anklage gegen den Schriftsteller Heberto Padilla, der es unter anderem gewagt hatte, den Roman »Paradiso« als Meisterwerk zu loben – für die Regierung aber, die klare Bekenntnisse zur Revolution verlangte, war das Werk des schwulen Lezama Lima zu komplex, zu verstörend. Padilla wurde öffentlich angeklagt und gezwungen, eine Selbstanklage zu verlesen, in der er sich der Konterrevolution bezichtigte. Padillas Verhaftung kostete Castro viel internationale Sympathie, unter anderem wandten sich Hans Magnus Enzensberger, Simone de Beauvoir und Jean-Paul Sartre in der Folge von ihm ab. In Kuba begann eine Zeit, die als das »graue Jahrfünft« in die Geschichte einging: eine Zeit der Angst unter allen Kulturschaffenden, die zu einer totalen Lähmung des Kulturbetriebs führte. Im Nationalen Rat für Kultur herrschte zu dieser Zeit Luis Pavón Tamayo, ein Kämpfer aus der Sierra Maestra und ein Schriftsteller von bleichem Talent, der sich zum engstirnigen, dogmatischen Zensor Fidel Castros aufschwang.

Ein Opfer dieser Zeit wurde der offen schwul lebende Schriftsteller Reinaldo Arenas (Jahrgang 1943), der für zwei Jahre in ein Arbeitslager gesteckt und auch nach der Freilassung immer wieder von der Staatssicherheit drangsaliert wurde – bis ihm 1980 die Flucht in die USA gelang, wo er 1990 in New York an Aids starb. Sein autobiografischer Roman »Bevor es Nacht wird« (1992 erschienen), später von Julian Schnabel mit einem brillanten Javier Bardem in der Hauptrolle verfilmt, gehört zu den bittersten, persönlichsten Anklagen des Castro-Regimes.

Die Befreiung von der Zensur kam, ironischerweise, mit dem Zusammenbruch der Sowjetunion und des sozialistischen Lagers. »In den 1990er-Jahren verschwanden Papier, Tinte und Strom, und Kuba hörte auf, Bücher zu drucken«, erzählt Leonardo Padura, der Autor des »Havanna-Quartetts«. Die staatlichen Institutionen, die bis dahin entscheiden konnten, was veröffentlicht wurde und was nicht, verloren ihre Machtposition – es wurde ohnehin nichts mehr veröffentlicht. »Es entstand ein Vakuum, das sich mit Freiheit zu füllen begann. Wir begannen, anders zu schreiben. Wir fanden Verleger im Ausland. Es entstand eine andere Literatur, in der Kritik an den bestehenden Verhältnissen dazugehört, so wie überall in der Welt.«

Niemand hat die Zeit der Spezialperiode in den 1990er-Jahren besser dokumentiert als Leonardo Padura (Jahrgang 1955) in seinen Krimis, in denen sein desillusionierter, aber lebenshungriger Kommissar Mario Conde durch ein zerfallendes, ums Überleben kämpfendes Havanna navigiert. Conde, stets auf der Suche nach Gerechtigkeit und Liebe, nach Rum und etwas zu essen, verkörpert eine Generation von Kubanern, die 1990 vor dem Nichts standen, mit leerem Magen, die revolutionären Träume in Trümmern.

Padura wird nicht ins Pantheon der Weltliteratur aufsteigen wie Carpentier und Lezama Lima, dafür sind seine Bücher aber wesentlich zugänglicher und unterhaltsamer als deren sperrige Werke. Die Liebe, die Padura in seine Hauptfigur und deren illustren Freundeskreis investiert hat, macht den Kommissar Mario Conde fast zu einer Person der kubanischen Zeitgeschichte. Wer alle Bände des »Havanna-Quartetts« gelesen hat, dazu »Adios Hemingway« und das etwas anstrengende »Ketzer«, bekommt das Gefühl, er habe selbst in Havanna gelebt oder jedenfalls lange Zeit bei einem guten Freund dort verbracht.

Die Intimität mit der kubanischen Hauptstadt in Paduras Romanen kommt nicht von ungefähr. Der international bekannteste kubanische Schriftsteller lebt immer noch in derselben Nachbarschaft – Mantilla –, in der er aufgewachsen ist, in einem vergleichsweise bescheidenen Haus. Zu Beginn seiner Karriere arbeitete er für Tages- und Wochenzeitungen, experimentierte dort mit literarischen Reportagen. Er hat den Journalismus nie ganz verlassen; die Themen seiner Bücher recherchiert er mit großer Akribie, sein Schreibstil bleibt immer nahe am Realistischen.

Auf Kuba wurden Paduras Bücher erst zögerlich, dann aber doch herausgegeben. »Bei jedem neuen Buch denke ich: Dieses werden sie bestimmt nicht hier veröffentlichen«, erzählte Padura der amerikanischen Wochenzeitschrift *New Yorker*, »aber dann kommt es doch wieder raus. Ich glaube, ich werde von den Menschen als Maßstab wahrgenommen dafür, was man in Kuba sagen kann und was nicht.« Vieles, was in Paduras Romanen geschieht und gesagt wird, steht dem offiziellen Diskurs diametral entgegen, doch Paduras Bücher dienen trotz allem auch zum Vorteil der Regierung: Padura einzusperren oder auch nur zu rügen hätte einen internationalen Aufschrei zur Folge, den die Regierung heute – anders als 1971 – um jeden Preis vermeiden will. Indem sie seine Bücher veröffentlicht, entkräftet sie den Vorwurf der Zensur: Seht her, wir drucken auch Kritisches. Paduras Rolle verdeutlicht das Dilemma der Schriftsteller in einer Diktatur: Werden sie nicht gedruckt, können sie nicht gelesen werden. Werden sie gedruckt, fragen sie sich, ob sie nicht weit genug gegangen sind. Padura jedenfalls kennt seine Grenzen: Er hat sich nie offen gegen Fidel Castro gestellt.

Ganz anders Zoé Valdés (Jahrgang 1959), die hochrangige Posten in der kubanischen Kulturbürokratie bekleidete, sogar als Delegierte der UNESCO nach Paris entsandt war und, als sie zurückkam nach Havanna, geschockt war über die Zustände im Kuba der Spezialperiode. Ihren Schock verarbeitete sie in einem Roman, den sie auf einer Schreibmaschine schrieb, deren Farbband sie immer wieder mit Schuhcreme auffrischte. Das Manuskript schmuggelte ein befreundeter Journalist in zwei Packen außer Landes; 1995 erschien »La nada cotidiana« in Paris, ein Jahr später als »Das tägliche Nichts« in Zürich. Der Roman ist eine in der Sprache derbe, im Gefühl bittere Abrechnung mit ihrem Heimatland und dem Kulturbetrieb. Yocandra, ihre Protagonistin, kämpft mit der Mangelwirtschaft und mit untreuen Männern und verliert sich selbst in Sex und Sehnsüchten. Für Zoé Valdés war das Manuskript ein wütender Abschiedsbrief; nach dessen Veröffentlichung in Paris musste sie mitsamt Ehemann und Tochter Hals über Kopf das Land verlassen – es gelang ihr mithilfe einer Einladung einer französischen Kulturinstitution. Seitdem lebt sie in Paris.

Obwohl »Das tägliche Nichts« noch auf Kuba entstand, zählt der Roman eher zur klassischen Exilliteratur; geschrieben mit Schaum vor dem Mund, mit ohnmächtiger Wut darüber, dass das Castro-Regime auf der Insel nicht abdanken will, dass der Niedergang des geliebten Heimatlandes weiter fortschreitet, der Verfall der Städte unaufhaltsam ist und die Vergangenheit unwiederbringlich wird. »Das tägliche Nichts« wurde gefeiert, weil es eine Abrechnung mit dem Diktator Castro war – aber nicht, weil es große Literatur gewesen wäre.

Auch Jesús Díaz (Jahrgang 1941) gehörte einst zum kulturellen Establishment auf der Insel und wurde dann 1991 bei einem Deutschlandaufenthalt vom kubanischen Regime ausgebürgert. Die Romane, die er daraufhin schrieb, strotzten vor Bitterkeit und Enttäuschung; allenfalls »Erzähl mir von Kuba« (2001 auf Deutsch erschienen) schafft es, den Zorn ins Satirische zu wenden – Wortgewaltiges gelingt aber auch Jesús Díaz nicht. Genauso wenig wie der Amerikanerin Cristina García. Deren erster Roman »Träumen auf kubanisch« – eine poetische Familiengeschichte dreier Generationen mit starken Frauenfiguren – wurde 1992 noch für den National Book Award nominiert. Als sie es in »King of Cuba« (2013) allerdings mit Fidel Castro aufnimmt, den sie als geifernden Tyrannen porträtiert, scheitert auch sie beim Versuch, den Komplexitäten der jüngeren kubanischen Geschichte gerecht zu werden.

Warum ist es so schwer, gute kubanische Exilliteratur zu finden? Ein Dilemma macht vielen Exilautoren zu schaffen: Wut im Bauch schreibt nicht unbedingt die besten Bücher. Im Gegenteil, bei jenen Autoren, die jahre- oder jahrzehntelang zum Schweigen verdammt waren, brechen in der Freiheit alle literarischen Dämme, wird alles hingeschrieben, was so lange im Ungesagten bleiben musste. Ein hintergründiger, subtiler Exilroman ist dabei bisher nicht entstanden.

Wer sucht, findet aber hin und wieder abseits der Bestsellerlisten ein Buch, das heraussticht aus dem Kriegsgeheul. Antonio José Ponte (Jahrgang 1964), auch er Exilant wider Willen, gehört zu den klarsten Köpfen der kubanischen Kultur und sein Buch »Der Ruinenwächter von Havanna« (auf Deutsch 2008 erschienen) zum Besten, was zuletzt in der Gegenwartsliteratur der Insel erschienen ist. Ponte nennt sich selbst »Ruinologe« und hat eine elaborierte Theorie entwickelt, warum die Castro-Regierung die Hauptstadt über so lange Jahre verfallen ließ. Castro, sagt Ponte, habe immer vor einer unmittelbar bevorstehenden Invasion der Amerikaner gewarnt, und um diesen Diskurs »architektonisch zu legitimieren, muss die Stadt so aussehen, als sei sie bereits bombardiert worden«. Seine Theorie verpackt Antonio José

Ponte in eine Art essayistische Erzählung, in der sein Protagonist den Verfall der Stadt und die Versuche ihrer Bewohner, sich in den Ruinen einzurichten, in lakonischem Tonfall protokolliert. Für Ponte war die »Ruinologie« ein ruinöses Unterfangen: Ihm wurde die Rückreise auf die Insel untersagt. Seitdem lebt er in Madrid. Auf Kuba werden seine Bücher totgeschwiegen, und im Exil finden sie wenig Beachtung, weil sie nur wenig offenen Castro-Hass enthalten.

Auf Kuba selbst hat sich im Schatten von Leonardo Padura eine Literatenszene entwickelt, die ständig die Grenzen des Machbaren zu verschieben versucht und auch verschiebt. Pedro Juan Gutiérrez (Jahrgang 1950) wurde im Ausland für seine »Schmutzige Havanna Trilogie« (1998 in Spanien, 2002 in Deutschland erschienen) als »Kubas Bukowski« gefeiert. Seine Geschichten schildern den Alltag der städtischen Unterschicht in Centro Habana; sein Protagonist, der arbeitslose Journalist Pedro Juan, streift auf der Suche nach Essbarem, Alkohol, Drogen und Sex durch eine kaputte Stadt, in der jeder nur noch für sich selbst kämpft. Gutiérrez schreibt seine Bücher von Hand, seine Sätze sind auch deswegen von einer Kargheit, die an Hemingway erinnert. Dabei kennt seine Prosa keine Gnade und keine Scham, grenzt ans Pornografische und strotzt vor drastischen Details, die den Würgereiz kitzeln. Doch anders als in Lezama Limas fantastischen Episoden steht bei Gutiérrez die Echtheit des Beschriebenen nie infrage: Der ehemalige Landarbeiter und Soldat, Schwimmlehrer und gelernte Journalist hat all das wohl auch so erlebt und einfach aufgeschrieben. Seine Romane sind eine Untergrund-Historie des Lebens in Centro Habana, dem schmutzigen, heruntergekommenen, aber lebensprallen Schwesterstadtteil der herausgeputzten Altstadt. Seine

Bücher klagen die bestehenden, verzweifelten Verhältnisse seiner Protagonisten nicht an, sie nehmen sie als gegeben hin. Gutiérrez mischt sich nicht in den großen politischen Streit der Systeme ein, die politische Sphäre ist seinen Protagonisten ohnehin unerreichbar fern. Doch geschieht diese Zurückhaltung nicht aus politischem Kalkül, eher aus Desinteresse des Autors. Pedro Juan Gutiérrez interessiert sich nicht für die Theorie, sondern für das schmutzige, gloriose, wahre Leben. Und allem literarischen Erfolg zum Trotz wäre es ihm nie in den Sinn gekommen, sein Apartment im obersten Stock einer typischen Altstadtruine gegen ein Haus in den besseren Vierteln der Stadt einzutauschen: »Ich liebe dieses Viertel. Du kannst die ganze Nacht durch die Straßen streichen, wie ein Straßenköter oder wie eine Hinterhofkatze, die von Dach zu Dach hüpft. Das Leben hier ist ein Abenteuer.«

Geradezu das Gegenteil zu den derben Eskapaden des Gossendichters Gutiérrez bilden die Romane von Abilio Estévez. Estévez gehörte einem Zirkel junger Autoren an, die sich auf der Dachterrasse im Haus der Lyrikerin Reina María Rodríguez regelmäßig zu literarischen Salons versammelten: ein Feingeist, einer der stillen Autoren. In seinen Büchern knüpft Estévez an den Magischen Realismus Lezama Limas an; Traumtänzer und rätselhafte Figuren bevölkern seine Geschichten. Sein großer Havanna-Roman »Ferne Paläste« beschreibt dieselbe Ruinenkulisse, in der auch die Geschichten von Antonio José Ponte und Pedro Juan Gutiérrez spielen, doch scheint es unmöglich, dass es sich um die gleiche Stadt handeln könnte. Estévez' Havanna ist ein wunderbar melancholischer, traumverlorener Ort, durch den ein Suchender, Vertriebener stolpert, Victorio, dessen Haus – ein ehemaliger Palast – abgerissen wird. Estévez dürfte dieses Havanna schmerzlich vermissen; auch er lebt inzwischen in Barcelona. Immerhin hat es sein Buch nach Kuba geschafft: Dreizehn Jahre nach der Erstausgabe wurde »Ferne Paläste« im Jahr 2015 auf der Buchmesse in Havanna präsentiert, herausgegeben von einem kubanischen Verlag.

Sind das Zeichen einer neuen Freiheit? Wird es das Regime im Zeitalter des Internets, in dem sich Nachrichten und Meinungen ohnehin nicht mehr aufhalten lassen, irgendwann aufgeben, sich in die Literatur einzumischen? Die Schriftstellerin Wendy Guerra (Jahrgang 1970) ist da skeptisch. »In meiner Welt habe ich viele Schweigende kennengelernt, erhabene Kreaturen mit kastriertem Denken, sprachlos, verängstigt; inhaftierte Poeten, marginalisierte Homosexuelle. Namen, die von der kulturellen Landkarte Kubas gestrichen wurden. Verbrannte Bücher.« Woher stammt die unverminderte Angst des Staates vor dem gedruckten Wort? »Wörter sind die explosivsten Waffen in diesem Krieg«, schreibt sie in einem Blogeintrag zur Kunst-Biennale 2015, in dem sie darüber staunt, wie unverblümt sich jene Kubaner äußern, die jahrelang im Ausland gelebt haben und die nun zu Besuch auf der Insel weilen. »Da frage ich mich: Wieso haben wir nicht das Recht, wir, die wir in all den Jahren hier gelebt haben, hiergeblieben sind, wieso haben wir nicht das Recht, über unser eigenes Leben zu diskutieren?«

Wendy Guerra stammt aus der Provinzstadt Cienfuegos, dort beginnt auch die Handlung ihres Debütromans »Todos se van« (»Alle gehen fort«, 2008), einem fiktiven Tagebuch, das die Protagonistin durch Kindheit und Jugend begleitet, sie vor ihrem alkoholkranken Vater beschützt und vor der Einsamkeit als diejenige, die zurückbleibt, während alle anderen es nicht erwarten können, die Insel zu verlassen. Das Tagebuch vermittelt Intimität und Distanz zugleich; es ist der Versuch, den Widerspruch einzufangen, dass Kubaner für ihr Leben gern über alles reden, jedoch gleichzeitig in ständiger Angst davor leben, die Dinge beim Namen zu nennen. Wendy Guerras neuer Roman soll von der Angst handeln, sie hat dem Manuskript den Arbeitstitel »Der Kunstspion« gegeben: »Es geht um das Gefühl, verfolgt zu werden, die Panik, dass unsere Gespräche aufgezeichnet werden, dass wir durchsucht, behelligt werden.« Ihre Freunde im Ausland, klagt Guerra im Interview mit Yoani Sánchez, hielten sie für eine Spionin, und die Kubaner der Kulturbürokratie verdächtigten sie, etwas zu verbergen. Wendy Guerra setzt auf Offenheit, sie hat in Twitter ihr öffentliches Tagebuch gefunden. Ihren Zustand fasst sie dort in denkbar knappen Worten zusammen: »Schriftstellerin. Ich bin am Leben und lebe in Havanna.« Warum ist sie selbst nie fortgegangen? »Weil die Wunden in diesem Land, bevor sie heilen können, beim Namen genannt werden müssen, und dies muss am Ort des Schmerzes geschehen.«

Manche Schriftsteller haben ihr Leben und ihre Freiheit riskiert, um Kuba zu verlassen; beim Uruguayer Daniel Chavarría (Jahrgang 1933) dagegen war es umgekehrt: Er entführte im Jahr 1969 ein Flugzeug, um nach Kuba zu gelangen. Chavarría kämpfte mit Rebellen in Kolumbien, als die Soldaten ihm auf die Spur kamen, und die Flugzeugentführung schien ihm der einzige Ausweg und Kuba das einzige Land, wohin es sich zu fliehen lohnte. In Kuba wurde aus dem Guerrillero ein Schriftsteller. Chavarría blieb stets ein treuer Kommunist, dem es auch verziehen wurde, dass er 1995 in seinem leichtfüßigen und unterhaltsamen Roman »Adios Muchachos« das um sich greifende Phänomen der Gelegenheitsprostitution aufs Korn nahm. 2015 beschrieb Chavarría in einem Cyberchat mit Lesern der kubanischen Tageszeitung *Juventud Rebelde*, warum er nie auf die Idee gekommen sei, die Insel wieder zu verlassen: »Kuba ist eine unerschöpfliche Quelle literarischer Inspiration ... Die kubanische Revolution hat Situationen großer Einzigartigkeit geschaffen, die an anderen Orten unvorstellbar wären. Die kubanische Realität erzeugt in mir ein Verlangen, eine Gier, so viele Geschichten zu schreiben, dass drei Leben dafür nicht ausreichten.«

Santería: Hellseher und dunkle Mächte

Die Revolution ist allgegenwärtig, aber wirklich mächtig ist nur einer: Obatalá, der die Menschen aus Lehm geformt hat.

»Jorge hat die Gabe«, flüstert Roberto, »deswegen will ich nicht, dass er trinkt.«

»Warum nicht?«, frage ich verwundert.

»Weil er dann anfängt, Dinge zu sehen und zu sagen«, flüstert Roberto und schaut mich vielsagend an. »Und das kann nicht jeder gut verkraften.«

»Aha«, antworte ich.

Es ist inzwischen ohnehin zu spät, sich zu wünschen, dass Jorge nichts trinkt. Seit fünf Stunden ziehen wir nun schon durch die Altstadt Havannas. Jorge trinkt zwar selten, dann aber richtig: Bier, Mojito, Rum. Während Roberto und ich bester Stimmung sind, hängt Jorge in der »Bar Monserrate« im Stuhl und hat offensichtlich große Mühe, den Blick geradeaus zu halten.

Plötzlich fixiert er mich, richtet sich in seinem Stuhl auf und sagt triumphierend: »Du hattest an einem Bein, ich glaube, es war das linke, ein Muttermal. Das hast du entfernen lassen. Aber das war ein Fehler, weil das Muttermal war ein Segenszeichen.«

198

»Siehst du«, seufzt Roberto, als er mein bleiches Gesicht sieht. »Das ist genau das, was ich meine.«

Roberto ist ein guter Freund von mir, Jorge sein Onkel. Sechzig Jahre alt, hager, freundlich; ein offener, neugieriger Mensch. Ein *Santero*, also ein Nachbarschaftspriester der Volksreligion *Santería*, den die Menschen um Rat fragen, wenn sie Sorgen haben. Wir sehen uns an diesem Abend zum ersten Mal, und es gibt keine Möglichkeit, dass Jorge auf irgendeine Weise von meinem Muttermal hätte erfahren können. Die Operation ist so lange her, dass ich sie selbst vergessen habe und keine Narbe mehr zu sehen ist. Ohnehin haben weder Jorge noch Roberto je meinen linken Knöchel gesehen, auf dem das Muttermal einst saß. Ich habe niemandem auf Kuba je von meinem Muttermal oder von der Operation erzählt, warum auch? Ich glaube nicht an übersinnliche Kräfte. Aber ich finde keine logische Erklärung für Jorges plötzliche Eingebung.

Kubaner reagieren mit einem Achselzucken, wenn ich ihnen die Geschichte erzähle: Ähnliches ist ihnen auch schon widerfahren. Menschen, die mit Toten sprechen; andere, die hellsichtige Momente durchleben und dann in Ekstase zusammensacken: alles nur Beweise für die Macht der *Santería*, für den bunten Göttergarten, und für das neckische Spiel der *Orishas* mit uns, den Sterblichen, Unbedarften, ewig im Dunkeln Lebenden. Kaum ein Kubaner, der in seinem Heim nicht einen Hausaltar unterhält, versteckt wie auch immer. Und selbst die strengsten Agnostiker wissen: Die *Santería* verdient Respekt. Mit den *Orishas* treibt man keine Scherze.

Ursprünglich stammt die *Santería* aus Afrika, kam mit den Sklaven vom Volk der Yoruba Ende des 19. Jahrhunderts aus Nigeria nach Kuba. Die spanischen Gutsherren auf Kuba verboten den Yoruba ihre wilde, unheimliche, Furcht einflößende und von Geistern belebte Religion und zwangen sie, sich zum Christentum zu bekennen. Die Sklaven willigten ein, doch nur zum Schein: Sie verschmolzen ihre Religion mit dem Christentum. Ihre *Orishas* (Götter) wurden eins mit den katholischen Heiligen in den Kirchen der spanischen Gutsherren. Wenn sie der Barmherzigen Jungfrau von Cobre huldigten, beteten sie in Wahrheit Ochún an, Göttin der Liebe. Ihre Verehrung für den heiligen Lazarus galt eigentlich Babalú Ayé, dem pockennarbigen Gott, der über die Gesundheit herrscht. Und Maria, Muttergottes, symbolisierte in Wahrheit den mächtigen Weltschöpfer Obatalá, der die Menschen einst aus Lehm geformt hat. Die kubanische *Santería* ist heute ein Synkretismus, ein Eintopf aus afrikanischer Urreligion und spanischem Katholizismus.

Jahrhundertelang war die *Santería* eine Religion der armen Schwarzen, von der katholischen Kirche geächtet, von der Regierung belächelt. Fidel Castro allerdings wusste um die Macht der Alltagsreligion. Als er am 8. Januar 1959 seine erste Rede nach der geglückten Revolution in Havanna hielt, flatterte eine weiße Taube auf und setzte sich auf seine Schulter. Die weiße Taube steht als Symbol für Obatalá, damit galt Fidel Castro vielen kubanischen *Santería*-Anhängern als Auserwählter. Seine Gegner behaupten dagegen bis heute, dass da natürlich eine trainierte Taube im Spiel war.

Im Kuba Castros war der wissenschaftliche Materialismus Staatsdoktrin und daher die *Santería*, mit ihrer spiritistischen Anmutung, bei Partei und Apparat verpönt. Dem Fortbestand der Religion tat das keinen Abbruch; die Religion hatte Sklaverei und die Unterdrückung der katholischen Kirche überstanden. Sie spielte sich ohnehin viel in Geheimbünden ab. Und wahrscheinlich traute sich nicht einmal die Staatssicherheit, sich in letzter Konsequenz mit den mächtigen *Orishas* anzulegen.

Als es nicht gelang, die *Santería* zu verbieten, versuchte der Staat, sie zu zähmen. Ihre Rituale bestanden in Tänzen der Folkloregruppen fort. Wer je eine *Conga* auf dem Land erlebt hat, spürt sofort die Kraft. Die Männer schwingen Macheten, ziehen sich die scharfen Klingen über die Zunge, spielen mit Feuer. Warum? »Weil es EIER dafür braucht«, erklärt einer der Tänzer danach, »Mut, Tapferkeit, Männlichkeit!« Eine Freundin von mir tanzte eine Saison in einer solchen Gruppe mit, war am Ende durchtrainiert und hohlwangig und ausgelaugt. Selbst in der destillierten Form fordert die *Santería* ihren Anhängern alles ab.

Anfang der 1990er-Jahre begann die Regierung, den Bann aufzuheben, und seitdem hat sich die *Santería* in allen Lebensbereichen Kubas eingenistet. Die Straßen sind voll weiß gekleideter Menschen mit Schirm unterm Arm, behängt mit bunten Perlenketten; das sind die Novizen. Ein Jahr lang müssen sie weiße Kleidung tragen, dürfen niemandem die Hand geben, dürfen im Regen nicht nass werden, dann werden sie von ihrem Glaubenspaten (*padrino*) als *Santeros* oder *Santeras* eingeführt. Die Zeremonie ist aufwendig, es gilt Opfer zu bringen, Geld und Rum, Tiere müssen geschlachtet werden.

Längst ist die *Santería* keine exklusive Religion der Schwarzen mehr, Kubaner aller Hautfarben tragen heute die bunten Armbändchen, die den Schutz der jeweiligen Gottheit versprechen: blau und weiß für die Meeresgöttin Yemayá, rot und weiß für Changó, den Gott der Männlichkeit (synkretisiert mit der heiligen Barbara), grün und gelb für den weisen Orunmila (verbunden mit Franz von Assisi).

Ihren großen Erfolg verdankt die *Santería* auch ihrer Nähe zu den Menschen und ihrer Alltagstauglichkeit. Die *Orishas* sind Götter, die menschliche Charakterzüge und Schwächen zeigen: Obatalá war betrunken, als er die Menschen aus Lehm formte. Elegguá gilt als chaotisch und unberechenbar und stiftet gern Verwirrung, halb Gott, halb Mephistopheles. Dem Kriegsgott Changó wird ein aufbrausender Charakter nachgesagt. Die schöne, kokette, aber eifersüchtige Ochún hat viele Liebhaber, gilt aber auch als hinterhältig. Nur der weise Orunmila strebt nach Harmonie.

Die *Orishas* lassen sich durch Opfergaben milde stimmen. Das kann eine Kerze sein oder ein Glas Rum, eine halb gerauchte Zigarre oder etwas Honig; ein anderes Mal muss ein Tier dran glauben. Bei anhaltenden Problemen führt der *Babalao*, der höchste Orakelpriester, der in einem streng geheimen Ritual dem weisen Orunmila geweiht wurde, eine Reinigung durch. Das Ritual befreit den Gläubigen von negativer Energie und belastenden Gedanken. Wer in Havanna den Malecón entlangspaziert, kann unten auf den Felsen am Meer täglich *Santería*-Rituale beobachten: Anrufungen der Meeresgöttin Yemayá. Im Wald von Havanna, am Ufer des Almendares-Flusses, verrotten die Kadaver von Dutzenden Ziegen, Tauben, Hühnern, die in *Santería*-Ritualen geopfert wurden.

Die sehr auf die Gegenwart gerichtete Opferkultur hilft den Kubanern, den Alltag zu bestehen. Wer sich auf seinem Lebensweg vor einer verschlossenen Tür befindet, mag den Wegöffner Elegguá anrufen und ihn auf Anweisung des *Santero* mit Zuckerrohrschnaps aus dem Mund besprühen und mit Zigarrenrauch einnebeln. Wer seine Liebschaft an sich binden will, mag versuchen, die Liebesgöttin Ochún mit einer getöteten Ziege für sich zu gewinnen, und wer Kraft braucht, bietet Changó eine Schale mit Okraschoten dar. Lebensfragen versucht der *Babalao* zu beantworten, indem er Kaurischnecken wirft und aus dem Wurfbild versucht, den Willen der *Orishas* zu deuten. Selbst Familien, die nie den

Santero aufsuchen, haben zu Hause hinter der Türschwelle oft eine Schale mit dem großformatigen Kopf Elegguás (mit einem Gesicht aus Kaurimuscheln) stehen: Man kann nie wissen. Geschadet hat es jedenfalls noch niemandem.

Und alle warten zu Jahresbeginn auf den *Letra del Año*, den Jahresbrief der *Santería*, der vorhersagt, was auf Kuba zukommen wird in der nächsten Zeit. Der Wortlaut bleibt meist eher allgemein: »Ifa sagt: Hygiene aufrechterhalten. Soziale Undiszipliniertheit vermeiden. Vergesst nie, woher ihr kommt. Und ehret die Ehe!« Trotzdem versuchten die Exilanten in Miami jedes Jahr von Neuem, aus dem Brief herauszulesen, ob Fidel Castro endlich das Zeitliche segnen würde. Der oberste *Babalao* Kubas, Víctor Bentacourt, kommentierte dies einmal in einem Interview trocken: »Der Letra del Año ist nicht dazu da, das zu sagen, was viele hören wollen, aber nicht zu fragen wagen.«

Die größte Wallfahrt der *Santería* findet jedes Jahr am 17. Dezember statt. Dann pilgern Tausende Gläubige zur ehemaligen Leprakolonie »El Rincón« nahe Havanna, geweiht dem heiligen Lazarus oder Babalú Ayé, dem Wunderheilungen zugeschrieben werden. Bereits Tage vorher sieht man in den Straßen auf dem Weg in Richtung El Rincón Menschen auf dem Boden hin zum Heiligtum kriechen, auf blutigen Händen und Knien. Manche schleppen schwere Steine hinter sich her und bitten die Passanten mit einer kleinen Holzfigur um Spenden für den Heiligen. Die Wallfahrt von Babalú Ayé ist die Wallfahrt der Verzweifelten, denen die Ärzte keine Hoffnung mehr machen können. Bis in den Morgen beten die Gläubigen in der Kirche, halten die Kerze in der Faust und verziehen keine Miene, wenn das heiße Wachs über die Hand läuft und auf den Boden tropft.

Für viele Kubaner bietet die *Santería* genau das richtige Maß an Spiritualität und Pragmatismus, an Seelenheil und

Lebensbewältigung, doch manche verlieren sich auch in der Götterwelt. Die Verbindung aus rätselhaften Weissagungen und fordernden Göttern, aus unerklärlichen Erscheinungen und dunklem Geisterglauben, das enge Zusammenspiel zwischen Priester und Schützling ebnet mitunter den Weg zu manipulativen Beziehungen. Das führt dann dazu, dass manche keinen Fuß mehr vor die Tür setzen, ohne ihren *Santero* um Rat zu fragen, der ihnen dafür täglich neue Aufgaben auferlegt (und wehe, die werden nicht ausgeführt!). Ich habe den Direktor einer privaten kubanischen Ballett-Kompagnie erlebt, der an seiner Primaballerina verzweifelte, weil sie drei Tage hintereinander nicht zu den Proben erschien. Ihr *Santero* hatte ihr verboten, bei Regen aus dem Haus zu gehen, und keine Macht der Welt konnte sie dazu bringen, sich diesem Verbot zu widersetzen.

Wo so viel Wünsche, Sehnsüchte und Verzweiflung regieren, wittern manche ein Geschäft. Die *Santería* setzt auf Kuba inzwischen Millionen um, auch dank ausländischer Touristen, die oft Tausende oder Zehntausende Dollars investieren, um selbst zum *Santero* oder zur *Santera* aufzusteigen. Auch Kubaner sparen oft jahrelang für die Prozedur und bringen im Anschluss einen Gutteil ihres Einkommens für Opfergaben auf. Ich habe verarmte Familien in Havanna gesehen, deren Wohnungen vollgestopft waren mit *Santería*-Devotionalien, in die sie ein Vermögen gesteckt hatten, und die sich beklagten, dass sie trotzdem arm blieben und nicht vorankämen. Trotzdem? Deswegen!

Wer als Reisender nach Kuba kommt, kann in Havanna das Museum der *Orishas* besuchen, für einen ersten Eindruck der Naturreligion und ihrer Götter, die dort als lebensgroße Statuen mit bunten Kleidern präsentiert werden. Doch gelingt es dem Museum nicht, die Macht der *Santería* zu transportieren, und die Puppen und Devotionalien bleiben letztlich tot und wirken verstaubt und nutzlos.

Einen viel stärkeren Eindruck bekommt, wem es gelingt, ein *Bembé* zu erleben, die Zeremonie, mit der die Gläubigen ihre *Orishas* anrufen. Meist genügt es dafür, dem Klang der geweihten *batás* zu folgen, sanduhrförmigen Trommeln, die auf beiden Seiten mit Fell bespannt sind. Die Trommelschläge sind weithin zu hören, und kein Nachbar würde es wagen, sich über den Lärm zu beschweren (oder den Tierschutz zu rufen, weil einem Hahn bei lebendigem Leib die Kehle durchgeschnitten wurde).

Auf dem Land findet sich nahezu wöchentlich irgendwo ein Haus, in dem der private Gottesdienst abgehalten wird. Ein *Bembé* dauert oft die ganze Nacht, in sich steigernder Intensität; mit einem Vorsänger und dem Chor der Gläubigen, der sich in einer Gruppe vor der Hütte oder dem Haus versammelt. Zu den Trommeln werden *cajones* geschlagen, Holzboxen, dazu metallene Triangeln und *maracas*, begleitet von rituellen Gesängen. Tänzer treten in den Kreis, lassen sich von der Musik davontragen. Die Trommeln verstummen nie, sie sind die Stimmen, mit denen die Menschen und die *Orishas* kommunizieren. Der Rhythmus übermannt die Tänzer, deren Bewegungen immer wilder werden, unkontrollierter. Zuckend tanzen Greise, die ohne Krücke kaum noch einen Schritt gehen können, hin- und hergeworfen vom Klang der *batás*, bis die Verwandten sie aus dem Kreis führen. Schweiß rinnt den Menschen über die klebrige Haut, der *Santero* nimmt einen Schluck aus der Rumflasche in den Mund und sprüht ihn mit einem kräftigen Schwall über den Hausaltar.

Die Novizen suchen die Ekstase, geben sich den Klängen der Gesänge, dem Hämmern der Trommeln hin, bis ein *Orisha* von ihnen Besitz ergreift oder die Seele eines Verstorbenen und die Zuckungen unkontrollierbar werden, der Mund unverständliche afrikanische Worte ausspuckt, deren Bedeutung nur die *Santeros* zu deuten vermögen. Die Umstehenden befeuern die Hingabe mit rhythmischem Klatschen, mit dem härteren Schlag der Trommeln: »Se le montó el muerto!«, rufen sie. »Der Tote ist in sie gefahren!« Das geht so lange, bis sich die Pupillen der Tänzer nach innen drehen, bis nur noch das Weiße des Augapfels zu sehen ist und sie leblos in sich zusammensacken. Zufrieden packen die Trommler ihre Instrumente ein; die *Orishas* haben sie erhört.

Dem Besucher gehen die Augen über vor so viel Hingabe, so viel Erregung, so viel Leidenschaft, so viel Sinnestaumel. Wenig hat dies mit dem Glauben zu tun, den wir Europäer zelebrieren. Ein *Bembé* kann furchterregend sein, Respekt einflößend. Die *Santería*-Gottesdienste zeigen, wie viel uraltes Afrika offenbar noch in diesem modernen, aufgeklärten, materialistischen Kuba steckt.

Malecón: Der Balkon der Habaneros

Wenn im Sommer die brütende Hitze die Menschen aus ihren Häusern treibt, hinunter ans Meer, wird der Malecón Kulisse eines endlosen Schauspiels, das jede Sekunde fortgeschrieben wird: mal als Komödie, mal als Tragödie; als hintersinniges Kabarett und als herzzerreißendes Liebesdrama.

Seit vier Monaten lebt Yamilka in Havanna, ganz allein, in einem winzigen, stickigen Zimmer an der Calle Monte. Laut ist es dort, einsam und dreckig, deswegen hat sich die Zwanzigjährige auf den Weg gemacht, in Shorts und weißer Bluse, flachen Turnschuhen, quer durch die Stadt, zum Meer. Oben am Parque Central konnte sie die salzige Luft riechen, am Prado sah sie die Pelikane, die im Tiefflug und in strenger Formation über den Himmel zogen, und dann das Meer, das gierig am Morro-Felsen auf der anderen Seite der Bucht leckte. Yamilka suchte sich ihr Plätzchen; jetzt kauert sie auf der Mauerbrüstung am Malecón, Havannas Uferpromenade, den Rücken gegen den Pfeiler gelehnt, und schaut aus dunklen Augen ins Blaue, zum fernen Horizont. Stundenlang. Sie will den Blick erfrischen, das sagt sie wirklich. Sie will Weite, die grenzenlose Sicht, die träumerische Zwiesprache mit dem Meer. »Yo soy de Yemayá«, erklärt Yamilka, ich bin eine Tochter der Meeresgöttin, ich gehöre ihr, sagt sie wie selbstverständlich und deutet auf eine feine Linie seitlich an ihrem Oberschenkel, die aussieht wie eine sehr gut verheilte

Narbe. Das gilt in Kuba tatsächlich als Zeichen, eine Aus-
erwählte zu sein der Yemayá.

Die Sonne senkt sich über den Hochhäusern drüben im
Vedado, gießt Flammen auf die silbrige Meeresoberfläche.
Drunten auf den Felsen stehen die Angler wie Schattenrisse
gegen das Meer, werfen die Köder aus und starren auf die
Wasseroberfläche. Barrakuda haben sie hier schon gefangen,
kleine Thunfische sogar, Seehechte, aber an diesem Tag werden sie allesamt leer ausgehen. Ein paar Meter weiter schüt-
tet ein *Santería*-Priester aus einer Schale frisches Seewasser
über eine weiß gekleidete junge Frau, die unter der kalten
Dusche zuckt, aber standhaft bleibt. Oben rauscht ein end-
loser Verkehr über die Uferstraße, schnurrende Ladas hinter
klappernden Oldtimern, Bussen und knatternden Motor-
radtaxis.

Yamilka ist nicht die Einzige, die es an diesem Abend zum
Malecón zieht, der Gehsteig wuselt von Menschen. Gegen-
über dem Restaurant »Castropol« sitzt ein Liebespaar auf der
Mauer, Gesicht an Gesicht, den Blick zum Sonnenuntergang
gewandt, in einer komplizierten Beinschere ineinander ver-
hakt. Ein Verkäufer trägt Weintrauben über einen langen
Stock gehängt, immer nur eine Handvoll Beeren in einer
Traube, und versucht sie für kleines Geld den Liebenden zu
verkaufen, die aber den Blick, Wange an Wange, nicht vom
Horizont lassen wollen. Ein paar Meter weiter zwei junge
Frauen in kurzen Röcken, die sie unablässig nach unten zupfen müssen, um sie nicht allzu skandalös werden zu lassen.
In hochhackigen Schuhen stolzieren sie über die Promenade,
zischeln züngelnd nach zwei bleichen Männern, Ausländern
wohl, die sich umdrehen, ohne stehen zu bleiben.

Omar, ein drahtiger, unverwüstlich fröhlicher junger
Mann mit dichtem schwarzen Haar, sitzt vor dem Haus der
bunten Kacheln. Er kommt jeden Nachmittag hierher, setzt

sich auf die Mauerkrone, die zum Meer hin etwas auskragt, was sich ideal eignet, um die Beine baumeln zu lassen. Packt die verwitterte Posaune aus, träufelt etwas Speichel auf die Züge, um sie zu schmieren, und lässt dann ungelenke Tonleitern in voller Lautstärke in die Brandung purzeln, bis es Nacht wird. »Zu Hause stören sich die Nachbarn daran, und hier kann ich in Ruhe üben«, sagt Omar. Doch die Posaune dient nur als Vorwand. Eigentlich sitzt Omar hier, um angequatscht zu werden und zu reden. Er flirtet unbeholfen mit zwei Schweizer Touristinnen, die sich neben ihm auf die Mauerkrone fläzen, Postkarten schreiben und zu müde sind, seine holprigen Avancen abzuwehren: Ob alle Mädchen in der Schweiz so hübsch seien wie sie?

Am Malecón kommt niemand zufällig vorbei. Wer sich hier wiederfindet, hat sich dafür eigens auf den Weg gemacht. Im Wegenetz der Stadt fungiert die Uferpromenade als Umfahrungsstraße – man merkt es ihr an, dass sie erst nachträglich zum Stadtplan hinzugefügt wurde. Im 18. Jahrhundert erstreckte sich hier ein unzugänglicher Felsenstrand aus »Hundezähnen«, *diente de perro*, wie der scharfkantige Fels auf Kuba genannt wird. Havanna lag zu dieser Zeit von der Küste teilweise fast hundert Meter landeinwärts. Pläne für den Ausbau zum Meer hin gab es früh, doch am Ende waren es die US-Amerikaner, die während ihrer kurzen Besatzungszeit 1901 den Beton anmischten und die Straße auf den Felsen gossen. Sie schafften bis zu ihrem Abzug ein Jahr später das erste Teilstück und legten damit die Struktur der Straße fest: vier Fahrspuren, daneben zum Meer hin ein breiter Promenadenstieg mit nur gut hüfthoher Mauer, um die Aussicht nicht zu verdecken.

Entlang der neuen Uferstraße entstanden stattliche Domizile für Klubs des aufstrebenden neuen Mittelstands: die

Freunde des Automobils, die Vereinigung der Handlungs-
reisenden, Komponisten, Baseballspieler, Pharmazeuten. An
der Ecke zum Prado eröffnete das »Miramar«, das erste Hotel
Kubas, das nicht nur als Schlafstätte diente. Im Erdgeschoss
des »Miramar« servierten livrierte Diener den Gästen in
einem geräumigen Salon Kaffee und Rum, mit Blick auf
Malecón und das Meer. Es folgten das »Vista Alegre«, später das moderne und elegante »Oceano« und das »Surf« mit
der bunt gekachelten Fassade. Die Architekten ließen sogar
Bäume links und rechts der Straße pflanzen. Die Straße am
Meer sollte die neue gute Stube der Stadt werden, eine
ansprechende Flaniermeile für die bessere Gesellschaft. Auf
dem Papier sah die Planung auch gut aus, doch dann kam
der Winter.

Die Planung des Malecón beruht auf einem Irrglauben,
auf der wahnwitzigen Idee, man könne das Meer mit einer
hüfthohen Betonmauer in seine Schranken weisen. Menschliche Hybris. Der Malecón liegt auf der Nordseite Havannas, technisch gesehen also am Atlantik, und dort brausen
im Winter heftige Kaltfronten heran. Manche so wütend,
dass sie den Regen quer über die Stadt treiben. Einmal, wir
wohnten in einem Hochhaus in Centro Habana, riss uns ein
solcher Wintersturm das Küchenfenster aus dem Rahmen.
In Sekunden füllte sich die Küche mit Wasser, und wir mussten uns behelfen, indem wir das Bügelbrett provisorisch auf
die Öffnung nagelten, um sie abzudichten.

Unten am Malecón jagen die Kaltfronten aus dem Norden das Meer in wütenden Wellen gegen die Uferbrüstung,
mit einer solchen Wucht, dass das Wasser meterhoch auf-
spritzt. Dann gehört die Uferstraße ganz den Kindern aus
dem Viertel, die sich einen Riesenspaß daraus machen, unter
den Meeresfontänen zu duschen, sich unter den Wassermas-
sen begraben zu lassen, in den knietiefen Pfützen zu waten.

Autofahrer meiden die Straße bei solchem Wetter ohnehin aus Angst vor dem Salzwasser.

Für die Häuser entlang der Straße gibt es jedoch kein Entkommen. Der Nordwind drückt die salzige feine Gischt in jede Ritze der Häuser an der Uferstraße und weit nach Centro Habana hinein. Schon nach dem ersten Winter gingen die Bäume entlang der gedachten Alleestraße ein, nach dem zweiten blätterte die Farbe an den Fassaden, und nach dem dritten Winter begannen die Fensterkreuze zu rosten.

Seitdem führen die Bewohner am Malecón einen aussichtslosen Kampf gegen die Salzgischt. Wer zur Meerseite wohnt, verpackt alle elektronischen Geräte in Plastikfolie, Fernseher, Stereoanlage, Küchenmixer, um zu verhindern, dass schon nach dem ersten Jahr Rost aus den Kühlritzen tropft. Auch Mörtel und Beton haben der salzhaltigen Gischt nichts entgegenzusetzen, die steinharten Materialien erweichen in einer eigenartigen Konsistenz. Die Fassaden werden löcherig, die Armierung darunter rostet, bröckelt und reißt dann. Übrig bleiben in den Ruinen am Ende nur die Balken aus den unverwüstlich harten Edelhölzern, jedenfalls so lange, bis die Holzdiebe nachts über den Bauzaun springen und sich im Schutz der Dunkelheit mit den Balken davonmachen. Sie verkaufen sie den Schreinern, die daraus Möbel bauen oder Souvenirs schnitzen lassen für die Touristen.

Die Restaurierung der Häuser am Malecón ist ein Projekt, das niemals endet. Alle paar Jahre beginnen die Bauarbeiten etwa auf Höhe des Ameijeiras-Krankenhauses und arbeiten sich dann in Richtung Prado vor, restaurieren liebevoll Haus um Haus, streichen sie mit bunter Farbe an, und wenn sie am Prado angekommen sind, beginnen sie von vorn, weil unten am Krankenhaus die ersten Fassaden bereits wieder einzustürzen drohen. Das Büro zur Sanierung der Altstadt hat alles versucht, und vieles war vergeblich. »Jedes Jahr stehen Farbenvertreter bei mir auf der Matte«, erzählte mir eine Restauratorin im Interview, »und versichern mir, sie hätten eine absolut salzresistente Farbe. Ich sage: Suchen Sie sich eine Fassade aus, und streichen Sie sie an. Dann kommen Sie in einem Jahr wieder, und wenn die Farbe hält, kaufen wir sie. Aber am Ende blättert alles ab. Ausnahmslos.«

Ich habe ein gutes Jahr in einer Seitenstraße am Malecón gelebt, in Vedado gegenüber der amerikanischen Interessenvertretung. Es war die Zeit der großen ideologischen Kämpfe, und auf dem Platz vor dem Haus der Amerikaner hatte Fidel Castro eine Tribüne für Aufmärsche errichten lassen, die die Einheimischen schnell *protestodromo* tauften, die Protest-Arena. Wochenends weckte die kommunistische Jugend das gesamte Viertel zum Sonnenaufgang (Demonstrationen im Sozialismus sind immer mit frühem Aufstehen verbunden) mit Silvio-Rodriguez-Musik, in voller Lautstärke auf dem Soundsystem, das so ausgelegt war, dass die Reden auch durch die schalldichten Fenster der amerikanischen Interessenvertretung dringen sollten.

Das war dann die beste Zeit, sich mit einer Tasse Kaffee auf die Malecónmauer zu setzen, die Füße baumeln zu lassen und aufs Meer zu schauen. Der Atlantik hat hier vor Havanna eine erstaunliche Wandlungsfähigkeit. Die langweiligsten sind die reinen Sonnentage mit einem azurnen, topfebenen Meer, einem endlos blauen Himmel und einer Hitze, die einem schon zum Sonnenaufgang feine Schweißperlen auf die Stirn drückt. An guten Tagen im Frühjahr treibt der Wind federweiße Wolken übers Meer, das dann verführerisch türkis schimmern kann, als läge ein Strand vor der Stadt, und in weichen Wellen die Ufermauer umschmeichelt. Das sind die Tage, an denen das Meer die Kubaner glauben macht, eine Überfahrt nach Miami sei nichts weiter als eine entspannte Bootstour – welch ein grausamer Irrtum. An den grauen Tagen, auch die gibt es in Havanna, wird das Wasser quecksilbrig unruhig, und die Wellen suchen fauchend einen Weg durch die Felsnischen vor der Mauer. Ist eine Kaltfront im Anmarsch, befällt schleimiges Gelb den Ozean, als hätte er sich eine Grippe eingefangen.

Im Winter rennt das Meer wütend gegen die Mauer an, als wollte es sich sein geraubtes Terrain zurückholen. Deswegen wird für viele Häuser die Rettung zu spät kommen. Im Zeitraum von fünfzehn Jahren habe ich am Malecón den Verfall etlicher Häuser beobachtet; vom Hotel »Oceano« fielen erst die schicken Balkone ab, dann brach das Dach ein, und von oben nach unten mussten die Bewohner nach und nach ausziehen. Inzwischen steht nur noch ein Gerippe, unbewohnbar, unrestaurierbar. Wo das »Vista Alegre« stand, gab es eine Zeit lang einen Spielplatz, bis auch dessen Geräte verrosteten. Das »Miramar« existiert schon seit Jahrzehnten nicht mehr. Schräg gegenüber am Prado werden nach und nach weitere Ruinen abgerissen – oder was davon übrig ist. Vorsichtig tastet sich der Bagger durch das morsche Gemäuer und kann doch nicht verhindern, dass die stolze Fassade, mit Säulen über vier Meter hoch, sechs nebeneinander mit dem halben Obergeschoss noch dran, ein wenig wie das Brandenburger Tor in klein – dass dieses Ensemble sich erst langsam, dann schneller zur Seite neigt, erst lautlos, dann den metallenen Bauzaun durchbricht und krachend auf die Straße stürzt, wo Säulen und Mauern durch den Aufprall sofort zu Staub zu zerfallen scheinen, der in dicken, trocken schmeckenden Wolken aufsteigt und gierig nach den Fußgängern auf der Promenade greift, die hustend, fluchend, mit den Händen wedelnd flüchten. So stirbt das alte Havanna.

Eine Prachtstraße wollte aus dem Malecón nie werden, zu viel Verfall, zu viel Verkehr, zu wenig Grün. Das ist ein Glücksfall für die Bewohner des alten Havanna, wo sich manchmal komplette Familien ein einziges Zimmer mit eingezogener Zwischendecke teilen. Ihnen allen dient der Malecón als Balkon zum Meer. Im Sommer drückt die Hitze die Menschen aus den Straßen der Altstadt wie das Wasser aus den Poren. Dann versammeln sich die Jungs aus dem Viertel und stürzen sich tollkühn von den Felsen im Kopfsprung, im Salto in das unruhige Meer. Die Mädchen sitzen auf der Ufermauer, zupfen wie beiläufig an den knappen Bikinis und werfen den Jungs verstohlene Blicke zu. Zum Karneval verwandelt sich der Malecón in eine Feiermeile. Und wenn am Platz unter dem »Hotel Nacional« Los Van Van spielen, kommen Zehntausende, die Frauen aufgetakelt und in Neonfarben gekleidet, die jungen Männer mit offenen Hemden, um alle Lieder mitzusingen und die ganze Nacht zu tanzen, eng, heiß, klebrig. Die Los-Van-Van-Konzerte am Malecón gehören zu den besten Festen, die Havanna zu bieten hat.

Allen Verrückten war der Malecón stets Bühne; den Musikern, die nicht singen können, den Schauspielern, die in kein Ensemble passen. Wie jener kubanische Hamlet, der in der größten Hitze im zugeknöpften Filzmantel über die Promenade schritt und Zwiesprache mit einem riesigen Seehechtkopf hielt, der ihn aus großen, kalten Augen anstarrte. Der Seehecht hatte keinen Körper mehr, und hinter den Kiemen hingen die Gedärme heraus. Oder der Sportler, ein drahtiger, durchtrainierter Schwarzer, vielleicht vierzig Jahre alt, mit umgeschnallten Trinkflaschen und Gummi-Bademütze, der immer exakt einen weiten Schritt macht, das zweite Bein auf gleiche Höhe nachholt, und dann exakt eine Kniebeuge. Schritt, Ranholen, Kniebeuge. Schritt, Ranholen, Kniebeuge; den Blick dabei unentwegt in die Ferne gerichtet und keinem Passanten ausweichend.

Am besten lässt sich der Malecón zur späten blauen Stunde erkunden, zu Fuß, jedenfalls das gut zwei Kilometer lange Stück zwischen dem »Hotel Nacional« und der Punta. Unten am Kreuzungspunkt der Calle 23, die hier »La Rampa« heißt, und dem Malecón stolzieren Transvestiten auf hochhackigen Schuhen, klimpern mit den überlangen angeklebten Wimpern und halten ihre Handtäschchen fest umklammert. Wer zum Meer will, muss die Straße überqueren, was einem Abenteuer gleichkommt, weil die Autofahrer die Umfahrungsstraße als Rennstrecke begreifen.

Die Mauerkrone misst gut einen Meter in der Breite; breit genug, darauf zu gehen (manche joggen sogar darauf und überwinden die Pylone in weiten, artistischen Sprüngen), zu sitzen, zu liegen, zu fläzen, gegenüber oder Rücken an Rücken, Musik zu machen, Domino zu spielen, ein Picknick zu sich zu nehmen oder sich zu betrinken. All das lässt sich auf den zwei Kilometern auf dem *Malecón tradicional* zwischen der Rampa und der Punta beobachten. Im Sommer schaukeln draußen auf dem Meer die Fischer in den Autoreifen, die sie zu provisorischen Flößen umgebaut haben, und versuchen mit einer Lampe die Fische anzulocken. Manche bleiben die ganze laue Nacht draußen auf dem Meer. Nicht der schlechteste Arbeitsplatz, auch wenn am Ende meist nicht viele Fische im Eimer zappeln; das Wasser vor der Stadt taugt durch den Hafen in der Bucht einfach nicht mehr als Fanggrund.

Abends um neun donnert der Kanonenschlag von der Cabaña-Festung herüber, das war zu Kolonialzeiten das Signal, dass die Tore der Altstadt geschlossen wurden. Spätestens um diese Zeit haben sich Grüppchen auf der Mauer gebildet, von Menschen, die etwas zu feiern haben, und sei es nur, dass sie eine Flasche Rum auftreiben konnten, die nun gemeinsam geleert wird. Wer um diese Zeit auf dem

Malecón unterwegs ist, bleibt nicht lang allein und erfährt, wenn er zuhören mag, erstaunliche Geschichten. Zum Beispiel, dass das Hochhaus aus den 1950er-Jahren vorn fast an der Punta Stockwerke hat, die aussehen wie Särge. Warum, weiß ein Schwarzer mit kräftigen Oberarmen und einer Narbe auf der rechten Wange: Das »Haus der Särge« sieht so aus, weil es einem reichen Bestattungsunternehmer gehörte, der damit Werbung für seinen Betrieb machen wollte. Alles Quatsch, fällt ihm ein anderer ins Wort, das Haus hat die Form, weil die Frau des Bauherrn beim Bau vom siebten Stock zu Tode stürzte. Ganz anders, meldet sich eine stille junge Frau mit glatten langen Haaren und großen dunklen Augen zu Wort, der wahre Grund ist noch viel, viel trauriger. Sie legt eine Kunstpause ein und fährt dann fort: Genau hier, sagt sie und deutet aufs nun nachtschwarze Meer, ertrank die Tochter des armen Mannes, der daraufhin das Hochhaus bauen ließ: vierzehn Stockwerke, vierzehn Särge, für jedes Lebensjahr der toten Tochter eines. Die anderen schweigen für einen Moment, die beste Geschichte hat gewonnen.

Die Punta, wo der Prado auf den Malecón trifft, gehört zu den belebtesten Ecken der Stadt; tagsüber stehen hier Tramper auf der Straße, meist junge Frauen, die hoffen, einen Platz im Auto nach Alamar zu ergattern, der Trabantenstadt jenseits der Bucht. Nachts aber wird es auch hier ruhig, und wer sich jetzt auf die Malecónmauer setzt, den Rücken gegen den Pfeiler, hört das Meer unten in den Felsenritzen murmeln und sieht das Scheinwerferlicht des Morro-Leuchtturms, wie es über die Stadt und das offene Meer streift. Ein guter Ort für eine ruhige Nachtstunde, das offene Meer, die verträumte Uferstraße im gelben Licht der Straßenlampen und dahinter die schönste Altstadt Amerikas.

Danksagung

Ich bin den Menschen auf Kuba zu tiefem Dank verpflichtet; dafür, wie sie mich an ihrem Leben teilhaben ließen. Ihre kubanische Offenheit hat dieses Buch erst möglich gemacht. Danke, Sven Creutzmann, der mich zuerst nach Kuba gelockt hat und in dessen weißem Lada ich dann als Beifahrer große Teile der Insel erkunden durfte.

Ich möchte Michael Gaeb und Bettina Wißmann von der Literarischen Agentur in Berlin für ihre treue Betreuung danken, Ulrike Gallwitz und Verena Pritschow für das behutsame und kluge Lektorat. Und natürlich Carmen, Amaya und Ana Elisa für ihre Geduld.

Bereits erschienen:
Gebrauchsanweisung für ...

Alaska
von Dirk Rohrbach

die Alpen
von Bene Benedikt

Amerika
von Paul Watzlawick

Amsterdam
von Siggi Weidemann

Andalusien
von Paul Ingendaay

Apulien und die Basilikata
von Maria Carmen Morese

Argentinien
von Christian Thiele

Australien
von Joscha Remus

Bali
von Thomas Blubacher

das Baltikum
von Sabine Herre

Barcelona
von Merten Worthmann

Bayern
von Bruno Jonas

Berlin
von Jakob Hein

Brasilien
von Peter Burghardt

die Bretagne
von Jochen Schmidt

Brüssel und Flandern
von Siggi Weidemann

Budapest und Ungarn
von Viktor Iro

das Burgenland
**von Andreas Weinek
und Martin Weinek**

Burma / Myanmar
von Martin Schacht

China
von Kai Strittmatter

Deutschland
von Wolfgang Koydl

Dresden
von Christine von Brühl

Dubai und die Emirate
von Felicia Englmann

Düsseldorf
von Harald Hordych

England
von Heinz Ohff

Finnland
von Roman Schatz

Frankfurt am Main
von Constanze Kleis

Frankreich
von Johannes Willms

den Gardasee
von Rainer Stephan

Griechenland
von Martin Pristl

Hamburg
von Stefan Beuse

den Harz
von Jana Thiele

Indien
von Ilija Trojanow

Irland
von Ralf Sotscheck

Island
von Kristof Magnusson

Israel und Palästina
von Martin Schäuble

Istanbul
von Kai Strittmatter

Italien
von Henning Klüver

01/0001/19/L

Japan
von Andreas Neuenkirchen

Kalifornien
von Heinrich Wefing

Kapstadt und Südafrika
von Elke Naters und Sven Lager

Katalonien
von Michael Ebmeyer

Kathmandu und Nepal
**von Christian Kracht
und Eckhart Nickel**

Köln
von Reinhold Neven Du Mont

Korsika
von Jenny Hoch

Kroatien
von Jagoda Marinić

Kuba
von Jürgen Schaefer

Leipzig
von Bernd-Lutz Lange

London
von Ronald Reng

Los Angeles
von Rainer Strecker

Mailand mit Lombardei
von Henning Klüver

Mallorca
von Wolfram Bickerich

Mecklenburg-
Vorpommern und
die Ostseebäder
von Ariane Grundies

Moskau
von Matthias Schepp

München
von Thomas Grasberger

Münster und
das Münsterland
von Jürgen Kehrer

Neapel und die
Amalfi-Küste
von Maria Carmen Morese

Neuseeland
von Joscha Remus

New York
von Verena Lueken

Niederbayern
von Teja Fiedler

Nizza und
die Côte d'Azur
von Jens Rosteck

Norwegen
von Ebba D. Drolshagen

Ostdeutschland
von Jochen Schmidt

Österreich
von Heinrich Steinfest

Paris
von Stephen Clarke

Peru
von Ulrike Fokken

Polen
von Radek Knapp

Portugal
von Eckhart Nickel

Potsdam und Brandenburg
von Antje Rávic Strubel

Prag und Tschechien
von Martin Becker

Rom
von Birgit Schönau

Rügen und Hiddensee
von Holger Teschke

01/0002/19/R

das Ruhrgebiet
von **Peter Erik Hillenbach**

Rumänien
von **Jochen Schmidt**

Salzburg und
das Salzburger Land
von **Adrian Seidelbast**

Sardinien
von **Henning Klüver**

Schottland
von **Heinz Ohff**

Schwaben
von **Anton Hunger**

den Schwarzwald
von **Jens Schäfer**

Schweden
von **Antje Rávic Strubel**

die Schweiz
von **Thomas Küng**

Sizilien mit den
Liparischen Inseln
von **Constanze Neumann**

Spanien
von **Paul Ingendaay**

Stuttgart
von **Elisabeth Kabatek**

Südfrankreich
von **Birgit Vanderbeke**

Südtirol
von **Reinhold Messner**

Sylt
von **Silke von Bremen**

Thailand
von **Martin Schacht**

Thüringen
von **Ulf Annel**

Tibet
von **Uli Franz**

die Toskana
von **Barbara Bronnen**

die Türkei
von **Iris Alanyali**

Umbrien
von **Patricia Clough**

die USA
von **Adriano Sack**

den Vatikan
von **Rainer Stephan**

Venedig mit Palladio und
den Brenta-Villen
von **Dorette Deutsch**

Vietnam, Laos
und Kambodscha
von **Benjamin Prüfer**

Washington
von **Tom Buhrow
und Sabine Stamer**

die Welt
von **Andreas Altmann**

Wien
von **Monika Czernin**

Zürich
von **Milena Moser**

und außerdem für ...

das Boxen
von **Bertram Job**

den FC Bayern
von **Helmut Krausser**

die Formel 1
von **Jürgen Roth**

das Münchner
Oktoberfest
von **Bruno Jonas**

das Schwimmen
von **John von Düffel**

das Segeln
von **Marc Bielefeld**

01/0003/19/L

Machu Picchu, Pisco Sour und Anden-Rap

Hier reinlesen!

Ulrike Fokken

Gebrauchsanweisung für Peru

Piper Taschenbuch, 224 Seiten
€ 14,99 [D], € 15,50 [A]*
ISBN 978-3-492-27658-0

Ob 6000 Meter hoch gelegene Gletscher unter tropischer Sonne, aufstrebende Metropolen an der Pazifikküste oder unberührte Völker im Amazonasgebiet: Ulrike Fokken, die monatelang in Peru gelebt hat, führt uns ein in die atemberaubende Vielfalt eines Landes, das als Wiege der Menschheit gilt. Leidenschaftlich erklärt sie, wie man auf die Anrede „meine Königin" reagiert, warum in der Megacity Lima ein Bus dem Taxi vorzuziehen ist und weshalb man hier die besten Fischrestaurants der Welt findet.

Leseproben, E-Books und mehr unter www.piper.de

Wo die Welt Tango tanzt

Christian Thiele

Gebrauchsanweisung für Argentinien

Piper Taschenbuch, 224 Seiten
€ 14,99 [D], € 15,50 [A]*
ISBN 978-3-492-27582-8

Die patagonischen Weiten, die ewige Pampa und die größten Wasserfälle der Welt; lateinamerikanisches Temperament, europäische Vielfalt und französisches Stilempfinden; alte Pracht und neue Einfachheit; großartige Literatur, Gauchofolklore, trendiges Design und Tangonostalgie: Das sind nur einige der Gegensätze, die Buenos Aires zur spannenden Metropole und Argentinien zum boomenden Reiseland machen. Wo Fußball mehr ist als ein Spiel und die Steaks nach mehr schmecken als nach Fleisch: Christian Thiele enträtselt die Seele Argentiniens.

Leseproben, E-Books und mehr unter www.piper.de

Das Paradies am Äquator

Hier reinlesen!

Peter Burghardt
Gebrauchsanweisung für Brasilien

Piper Taschenbuch, 240 Seiten
€ 14,99 [D], € 15,50 [A]*
ISBN 978-3-492-27635-1

Nackte Haut und heiße Rhythmen – seit über dreißig Jahren bereist Peter Burghardt das Ursprungsland des Karnevals. Er schließt den umschwärmten Aufsteiger Südamerikas ins Herz und berichtet vom Ausnahmezustand in der fünften Jahreszeit; besucht Favelas und teure Einkaufszentren in den Großstädten sowie verborgene Völker am Amazonas. Und erklärt, warum Schönheitschirurgen hier Hochkonjunktur haben, brasilianisches Bier sogar Bayern verzückt und wie Flipflops zum wirtschaftlichen Aufstieg verhalfen.

Leseproben, E-Books und mehr unter www.piper.de